Okinawa-Karate Journey

沖縄空手への旅

琉球発祥の伝統武術

柳原滋雄

第三文明社

はじめに

多くの人が「空手《からて》」と聞いて頭に描くイメージは、集団で気合をかけながら「正拳突《せいけんづ》き」を繰り返す光景ではなかろうか。だがそれは本当のカラテの姿ではないと聞けば、読者の皆様は疑問に思うだろう。

空手には多くの種類がある。流派の違いもあれば、世界に広がる中で、いろいろなものが変質して出来上がっていった。だがその大本は一つだった。

もともと「空手発祥の地」沖縄にあったのは、自身の命を護るための護身術である。しかもそれらは〝隠されたもの〟であって、むやみに吹聴《ふいちょう》するものでもなかった。

空手のもととなる源流武術においては声を出すことはなかったし、いまのように多人数で稽古する風習もなかった。冒頭の空手のイメージは、源流のそれとはまったく異なる「スポーツ化」された偶像にすぎない。

本書は、筆者が空手の源流を追い求めた旅（取材）の記録である。ただその姿は、歴史の記録として明確に浮かび上がってくるようなものでもなく、現在の姿から類推するしかない性質のものだった。詳しくは本文に委《ゆだ》ねたいが、沖縄の空手を取材することで、空手とは何かということをまざまざと考えさせられるきっかけとなった。

本書を手にした読者が、スポーツ（競技）としての空手ではなく、本来の武術としての空手を見直す機会になれば幸いである。なお、本書では原則すべての敬称を略させていただいた。

二〇二〇年晩夏

柳原滋雄

装幀／クリエイティブ・コンセプト
本文レイアウト／安藤　聡

沖縄空手への旅——琉球発祥の伝統武術

Okinawa-Karate Journey

目次

Ⅳ 沖縄伝統空手のいま

I

沖縄の空手とは何か

沖縄空手の本質

空手は沖縄発祥の護身術

二〇二〇年に行われる予定だった東京オリンピックで、日本発祥の武道「空手」が初めて正式種目として認められた。

形《かた》二種目（男・女）と組手《くみて》六種目（軽量級、中量級、重量級、各男女）の計八種目で、八人の金メダリストが誕生する予定だった。

日本本土では広く一般に認知されているとはいえないが、空手は〝沖縄発祥〟の武術にほかならない。中国との長年の交流の中で定着した源流武術が「唐手（トゥーディー）」へ進化し、さらに「唐手（からて）」、「空手」と名称変更されて成立した。

二十世紀はじめまで沖縄という狭い島の中で継承されたこの特色ある武術は、本土への空手普及に半生を捧《ささ》げた船越義珍《ふなこしぎちん》（一八六八～一九五七）によって東京で広められた。船越が指導を始めたのは一九二二年のことだから、沖縄の武術が首都上陸してまだ百年の歴史にすぎない。その後、本土の有名大学で唐手研究会（後の空手部）が相次いで創設され、徐々に世界的な広がりを見せるに至った。

「移民」として北・中南米、ハワイなどに定住した愛好家によっても国際的に広がった。戦後は沖縄で空手を習った駐留米兵が、自国にもち帰って広めた経路もある。

その結果、いまでは世界で一億人を超《こ》える愛好家の存在が喧伝《けんでん》されるほどになった。以前は口伝《くでん》によって秘《ひそ》かに伝えられたとされる沖縄由来の伝統武術が、わずか一世紀をへて、人種・民族を超えた「世界共通の武術」として認知されるに至った。

この本で主に取り扱う「沖縄伝統空手」は、後述するとおり、競技を目的としたルール化された空手とは別種の空手である。

沖縄伝統空手の立ち位置

沖縄で形成されたもともとの空手は、自分の身を護るためのぎりぎりの護身術にほかならなかった。そのためほとんどの型《かた》（攻守の動きを体系化したもの。各流派にそれぞれ特徴的な型があり単独で稽古できる）は、相手の攻撃をさばく「受け」から始まるのが特徴で、自分から先に攻撃することを想定しない。

空手の型は、歴史上の「拳聖」とみなされる武人たちが生み出し、何世代にもわたって修正を重ねて残されたものだ。空手の型は、古武道と異なり、「ナイハンチ」「クーサンクー」「パッサイ」「チントウ」「サンチン」「セイサン」「サンセーリュー」など、中国語を語源とするものが多い。

沖縄の空手は地域別に「首里手《しゅりて》」「泊手《とまりて》」「那覇手《なはて》」という大まかに三つの系統に分けられ、現在の流派につながっている。現在はしょうりん流（小林流、少林・少林寺流、松林流など）、剛柔流《ごうじゅう》、上地流《うえち》が沖縄空手の三大流派とされる。

それらが大正期に日本に伝わり、本土では松濤館《しょうとうかん》、剛柔流、糸東流《しとう》、和道流《わどう》の四大流派に収斂《しゅうれん》していった。その過程で、沖縄でつくられたオリジナルの型が無造作に変えられるなど、型の雑乱現象も問題になった。

日本本土では、大学生という血気盛んな年齢層から始まったため、勝ち負けをわかりやすく識別するための自由組手（一対一で自由に技の攻防を行う稽古法）を試合化する欲求が強く、早い段階から防具を付けて組手を行うなどの競技化の流れが模索された。もともと急所に素手素足で一撃を加えることで身を護る武術だけに、競技化の過程においてはさまざまな矛盾を伴った。

　競技は武術をスポーツ化することを意味し、必然的に「安全性」を優先する方向につながる。致命傷となる急所への攻撃が禁止されるなどのルールづくりが不可欠となり、自分の身を護る武術のはずが、本質的にまったく異なる動きの西洋式スポーツへと変質する危険性を伴った。

　そのため型にしろ、組手にしろ、競技化された空手と本来の武術空手とを〝別物〟としてとらえるのが空手家の中では一般的だ。

　半面、競技化されることで、一般人に

沖縄空手会館の別棟で古武道の型を披露する（2018年10月）

も観賞されやすい身近なスポーツとなったことも事実である。そのことが普及の大きな力となった点は見逃せない。その意味で、この問題は〝車の両輪〟のような側面をもつ。

繰り返しになるが、沖縄伝統空手は、オリンピックに象徴される「競技空手」とは一線を画す立ち位置にある。古流の型を反復して鍛錬することで、護身に必要な身体操作を身につけ、いざというときに反応できる素地を養う武術であり、目的はあくまでも自分の身を護ることにある。

老いても稽古できる沖縄空手

別の表現を借りれば、反射神経や筋トレなどに頼りがちな「競技空手」は、ある意味で若い世代でないと通用しないスポーツ分野ともいえる。仮に五十代以上ともなれば、肉体的に衰え、逆に若い世代に組手で負かされる場面も出てくるだろう。そうした空手家たちが、いまでは沖縄空手を志向する。

筆者は沖縄の空手道場を取材するうちに、本土のフルコンタクト系空手家が定期的に出稽古に訪れる話を何度も耳にした。いずれも五十代前後の年代が多いようだ。

一九七〇年代以降、劇画『空手バカ一代』(原作・梶原一騎、画・つのだじろう・影丸譲也、講談社）などで日本国内を席捲《せっけん》した「極真空手《きょくしん》」も例外ではない。もともと極真流派の稽古体系は、剛柔流や松濤館のそれに基づいている。源流をたどれば沖縄に行き着くのだ。

沖縄空手では互いに打ち合う組手ではなく、古流の型を反復する稽古を主体とする。そのため怪我は少なく、老いても続けられるという健康上のメリットがある。また一人でも、わずかなスペースさえあればどんな場所でも稽古できるのが特徴だ。その結果、沖縄空手の愛好家には長寿の人が珍しくない。さまざまな意味で、本土の空手とは一風、趣《おもむき》を異《こと》にしている。

空手の種類

もともとの空手にルールはない

日本の南端に位置する沖縄から世界に広がった空手――。その種類は伝わった時期や伝《でん》播経路《ぱ》などによって多くのバリエーションをもつに至った。

もともとの沖縄空手は、「武術」というキーワードでくることができる。平たくいえば〝ルールのない空手〟であり、命のやり取りをした時代のなごりを残す武術にほかならない。

当然ながら、目玉や金的などの急所を攻撃する危険な技も古流の型には普通に含まれる。現代においてそのまま使用すれば、重大な刑事犯罪となることは明らかで、極限状態における正当防衛としてしか使用価値はないものだ。

一方、沖縄から日本本土に渡った以降に本土で発達したのが「競技空手」の分野だ。日本の他の三大武道である剣道や柔道と同じく、「試合」を前提とした空手ともいえる。

競技には、型演武と組手の二種類があるが、組手についていえば、それらは防具を付けて行うものであれ、寸止めルールであれ、顔面への突きや金的攻撃などのみを禁じて実際に打ち合うフルコンタクト・ルールであれ、基本的には「競技空手」の範疇《はんちゅう》に入る。

ルールの存在しない「武術」としての空手と比較した場合、競技上の安全性を保つためにさまざまなルールが設けられ、必然的に技の種類や攻撃のバリエーションにおいて実戦とは異なる制約を受けることになる。その結果、護身目的の「武術」とは異なる形式の空手が発達することにつながった。

生涯続けられる空手

空手はおおまかに「武術空手」「競技空手」の二つに分けられるが、ほかにもさまざまな種類がある。例えば「健康空手」だ。その名のとおり、自身の健康維持、体力維持を目的に行う空手のことで、かつそれは、上記の「武術空手」や「競技空手」と対立する概念でもない。

「健康空手」は、中年期以降の、特に高齢者になってから行う空手というイメージがある。確かに、多くの型動作を覚え、それらを忘れないように維持し、適度な有酸素運動を続けながら瞬時に頭脳を働かさねばならない稽古体系をもつ空手は、認知症予防などにも打ってつけと思える。実際、沖縄伝統空手の愛好家は、おしなべて長寿の傾向が強い。

ほかにも最近は青少年への普及が進んだことにより、「キッズ空手」や「教育空手」といった分野もある。子どものしつけのため、礼儀作法を身につけさせたいという目的から空手を学ばせる親も少なくない。子どもが自分自身で痛い思いをするからこそ、他者に痛いことをしてはいけないという教育効果が見込めるという理屈である。

ほかに「舞踊空手」という分野もある。沖縄では空手は琉球舞踊と密接に関わってきた歴史がある。

さらに女性にとって有用であるという立場からの「女性空手」を説く人もいる。実際、空手は女性の美容にいいことで定評がある。加えて、肉体的なハンディキャップをもつ人のための「ハンディキャップ空手」を主張する人もいる。いずれも空手を志《こころざ》すその人なりの目的観と密接に関わる。

一つはっきりいえることは、「競技空手」は年齢的に二十代から三十代で選手生命のピークを迎えてしまう現実だろう。オリンピックでの空手競技は、まさに「競技空手」の象徴というべきものだ。

「型」や「組手」部門で求められる競技者の資質は、他のスポーツのトップアスリートに求められる資質とさほど変わりはない。そのため、他のスポーツと同じように運動神経に優れた若い選手にしか参入できない分野ともいえる。

一方で、「武術空手」には年齢のピークがない。沖縄においては青少年から老年まで継続して空手に打ち込む、空手歴（沖縄では「武歴」という）五十年以上の猛者《もさ》は珍しくもない。

その点で、本土における空手の修行感覚とは大きな違いがある。沖縄伝統空手は、高齢になっても生涯続けられるメリットがある。

空手の淵源と流派

福建省から伝わった武術

かつての琉球王国および明治期以降の沖縄で生まれ育った武人たちには、名を残した少数の者から、歴史の狭間《はざま》に埋もれていった多くの者までが存在したと思われる。文献が限られるため、空手の歴史研究はいまだ混沌《こんとん》とした分野に見える。それでも近年、さまざまな調査研究によりおぼろげな輪郭が浮かび上がってきた。

例えば、琉球大学空手道研究会の初代会長を務め、卒業後は那覇市内の公立小学校に勤務しながら、休みを利用して台湾や中国本土にしばしば出かけ、空手のルーツを研究してきた太極武道館の金城昭夫《きんじょうあきお》館長（一九三六〜）は、大正期以前から存在する空手の型名称のほとんどが、中国福建省の福州と泉州の地方言語であることを突きとめた人物として知られる。

「サンチン」「セイエンチン」「ナイハンチ」「パッサイ」「クーサンクー」など五十ほどの古流の型はいずれも福建語で、それはそのまま、これらの型をもたらしたのが中国福建省出身の武術家であった可能性を示している。

古来、琉球は地理的な近さから、中国の中でも福建省との結びつきが強かった。その地方言語が、いまの沖縄空手の型の名称になごりを残しているというのだ。

沖縄空手のルーツをめぐる金城の結論は、「古来より中国拳法が琉球（沖縄）に幾度となく伝来し、形成された」ということになる。

その成果は、『空手伝真録（上・下）～源流型と伝来の謎を解く』（二〇〇五・〇八年、チャンプ社）に詳しい。金城は二十代半ばから百三十回にもわたり、台湾・中国訪問を行ってきた。一昔前までは同じ福建省の中にあって百五十キロしか離れていない福州と泉州の間でさえ、方言がまったく異なり言葉が通じないほどだったという。その金城によると、型の名称は、那覇手（剛柔流など）は福州語が多く、首里手（小林流など）は泉州語のものが多いといった地域的な違いも見られるという。

「首里手」「泊手」「那覇手」の時代

もともと流派の概念のなかった空手の源流は、十九世紀に入り、地域的に「首里手」「泊手」「那覇手」の三つに収斂されていったとされる。いずれも現在の那覇市内に点在し、現在の流派と密接に関連する。

例えば「首里手」は首里城近辺の士族を中心に広まった空手で、沖縄の空手においては最も歴史が古い。名を残す武人としては、松村宗昆《まつむらそうこん》（一八〇九〜九九）やその上の世代である佐久川寛賀《さくがわかんが》（一七八六〜一八六七）などが有名だ。さらに松村の弟子の糸洲安恒《いとすあんこう》（一八三一〜一九一五）や安里安恒《あさとあんこう》（一八二八〜一九一四）が知られる。

首里手は現在の沖縄しょうりん流（小林流など）につながる系統であり、日本本土では松濤館、和道流に該当する。

「泊手」は、泊港に近い泊村周辺で発達した系統で、首里手に似通っているものの、独自の型を保持する。松茂良興作《まつもらこうさく》（一八二九〜九八）が中興の祖として有名で、松茂良は伝説の空手家・本部朝基《もとぶちょうき》（一八七〇〜一九四四）の師匠として知られる。現在、泊手の流れをくむのは、少林・少林寺流、松林流、剛泊会《ごうはくかい》、一心流などの流派だ。

「那覇手」は那覇港周辺で発達した系統で、現在の剛柔流や上地流などにつながる。剛柔流では東恩納寛量《ひがおんなかんりょう》（一八五三～一九一五）やその弟子である宮城長順《みやぎちょうじゅん》（一八八八～一九五三）が有名だ。また上地流は、上地完文《うえちかんぶん》（一八七七～一九四八）が開いた流派である。

戦後の沖縄空手界においては、「小林流」「松林流」「剛柔流」「上地流」が四大流派とされた時期がある。現在は小林・松林をまとめて「しょうりん流」とくくり、三大流派として数えることが多い。

はっきりいえることは、首里手の松村宗昆、那覇手の東恩納寛量・宮城長順、上地完文らはいずれも中国本土への渡航経験があり、本場の武術に直接接し、それを取り入れて帰琉した経験をもつことだ。

松村は琉球政府の高官として「官」の立場での渡航であり、その他は民間人としての渡航という立場の違いはあったものの、空手の源流の多くが中国に求められることは、型名称のなごりを含めて疑いようがない。

歴史的経緯から沖縄では好意的に「唐手」と称した時代が比較的長くあった。だが、日本が日清戦争で勝利したあと、大正・昭和期に入ると、世論は〝反中〟に傾き、中国を意味する「唐」の字を嫌がる人が増えてきた。その結果、「空」の字に変更された経緯がある。以上から見ても、空手の礎《いしずえ》をもたらした恩人が、日中の関わりの中に存在することは間違いない。

「首里」「泊」「那覇」といっても、現在は車で十〜二十分ほどで移動できる狭いエリアにすぎない。それらの地域で育《はぐく》まれ、数百年の年月をへて開花した沖縄発祥の武術である「カラテ」が、いまでは世界の共通語となっている。

空手における流派の始まり

最初に空手の流派が生まれたのは一九三〇年、宮城長順の弟子であった新里仁安《しんざとじんあん》（一九〇一〜四五）が他の武道にまじって東京の明治神宮で空手を演武した際、流派名を尋ねられて困ったという経緯からだ。新里の師匠であった宮城長順は、『武備志』からとって剛柔流と命名した。これが空手における流派の始まりである。

その後、知花朝信《ちばなちょうしん》（一八八五〜一九六九）のもとで小林流が誕生、さらに上地流、松林流なども生まれた。

日本本土では一九二二年から東京で空手普及を行った船越義珍の流派が松濤館を名乗るようになり、次々と流派が生まれた。

それでも空手の流派は前述のとおり、大まかには「首里・泊手」と「那覇手」の二つに大別できる。

首里・泊手は敏速な身のこなしを特徴とし、呼吸法は自然体だ。ナイハンチ（ナイファンチ）を基本型とし、パッサイ、クーサンクー、ピンアンなどの型を用いる。

一方の那覇手は、力を重視し、呼吸法も独特だ。最も代表的な型はサンチンである。剛柔流や上地流は、那覇手に位置づけられる。

本土の空手流派は、松濤館・和道流が首里手、剛柔流は那覇手の位置づけとなる。摩文《まぶ》仁賢和《にけんわ》（一八八九〜一九五二）の開いた糸東流は、糸洲安恒と東恩納寛量の頭文字をそれぞれとっていることからわかるように、首里手と那覇手の両方の型を行うのが特徴だ。

またフルコンタクトの極真空手は、創設者の大山倍達《おおやまますたつ》（一九二一※〜九四）が松濤館と剛柔流の影響を受けた関係で、首里手と那覇手の双方の型を用いる。

※大山倍達氏の生年は一九二二年（韓国戸籍）、二三年（日本戸籍）と三説あるが、本書では『大山倍達正伝』（新潮社、二〇〇六年）の二一年説に基づく。

沖縄固有の武術「ティー」は存在したのか

空手の源流をめぐっては、解明に必要な史料の多くが消失している。薩摩藩による侵攻（一六〇九年）、日本政府の琉球処分（一八七九年）、米軍による沖縄大空襲（一九四四年）や沖縄戦（一九四五年）など多くの機会にそれらは失われた。それでも近年、アカデミズムの立場から空手の歴史を見直す動きも出てきた。その結果、巷間《こうかん》流布されてきた「定説」のいくつかにも疑問の声が投げかけられている。

例えば、琉球では薩摩藩に武器を取られたために空手が発達したといった俗説が根強くあったが、史実と異なるという。また琉球はかつて武器をもたない非武装国家であったとする通説もあったが、これも史実とは異なるようだ。さらに空手にまつわる不正確な言説の一つが、過去に沖縄に存在したとされる固有武術「手（ティー）」をめぐる問題だ。これまで空手の源流は、沖縄にもともと存在した土着の武術「ティー」と、中国から渡ってきた武術が融合して形成されたと語られてきた。だが現在の学術研究ではそれとは異なる事情が浮き彫りになっている。

なぜ沖縄で空手は生まれたのか

かつての琉球王国は、日本と中国大陸の狭間にあって、両国の文化を同時に吸収できる便利な立ち位置にあった。特に中国大陸の福建地方から多くの文化が流入した。空手もその一つで、沖縄の伝統楽器として知られる三線《さんしん》と同じ経路で福建地方から伝播したものだ。

一方日本本土でも、刀を武器とした時代に、徒手空拳の武術が同時に発達した。古流柔術などはその好例だろう。武器が使えない事態に敵を振り払って身を護るための武術である。沖縄でもそうした武術として、空手や古武道が発達したとしても不思議ではない。

空手の源流をたどろうとすると、その証拠となる文書的な裏づけが不可欠となるが、前述のようにそれらはほぼ現存しない。そのため空手のもととなる武術が、いつごろどのような形で沖縄に伝わったかを証明する直接的な手段はなきに等しいといえる。断片的な状況証拠をもとに類推するしか方法は残されていないのだ。

それでも、伝来した時期についてはごく大まかな予測は成り立つ。重要な史料として注目されるのは、日本本土に最初に空手を普及させた沖縄人として知られる船越義珍の書き残した一群の文章とされる。

船越の師匠は、首里手の創始者とされる松村宗昆の三高弟の一人といわれた安里安恒。さらに安里と親しい友人関係にあり、同じく松村に師事した糸洲安恒が知られる。糸洲は空手を沖縄の学校教育に取り入れるため、従来の古流型を教育用にアレンジした功績をもち、初段から五段までの平安《ピンアン》型を創案した人物としても知られる。

船越は沖縄県の小学校教諭であった時代に、地元紙の『琉球新報』に二度にわたり、空手に関する重要な文章を発表した。

一九一三年に掲載された「唐手は武藝の骨髄なり」と、翌一四年に掲載された「沖縄の武技――唐手に就いて」だ。いずれも空手の起源を推察した初期史料として重要な位置づけとされる。

船越は東京に出た二二年暮れ、『琉球拳法　唐手』と題する書籍を一般向けに刊行した。いずれも空手の歴史部分の記述については、自分の師匠などから得た知識をもとに書いたと思われる。

ほかに空手の歴史について早い段階で見解を発表した学識者として、「沖縄学の父」と称される東恩納寛惇《ひがおんなかんじゅん》（一八八二〜一九六三）や伊波普猷《いはふゆう》（一八七六〜一九四七）がいる。

東恩納の父親（寛裕）は過去の著名な空手家の一人であり、寛惇自身、先の『琉球拳法唐手』に序文を寄せている。伊波も一九三二年に「古琉球の武備を考察して『からて』の発達に及ぶ」と題する論文を書いた。二人は自分で空手の稽古をしたわけではなかったが、父親や祖父が空手家だった家庭に育ち、まったくの第三者ともいえない立場にある。

伝来時期は「闇」の中

前述のとおり、空手の型名称（特に大正年間以前の古い型）のほとんどは福建地方の中国語に由来する。そのため、いつ伝わったのかという時期の問題が出てくるが、東恩納と伊波はそれぞれの論文で、「慶長《けいちょう》以降の事」（東恩納）、「慶長以後に発達したことは最早《もはや》疑う余地がない」（伊波）と、同一の見解を示している。

慶長年間は一五九六年から一六一五年のおよそ二十年間で、具体的には薩摩が琉球を支配下に治めた一六〇九年以降を指す。

琉球王国が統一される以前、沖縄本島で「武器」をもって戦った十五世紀までの時代は、〝武器〟が格闘の中心的な道具であり、〝徒手の武術〟が発達する素地はむしろ少なかったと思われる。そのことを指して伊波は自らの論文の中で、「『からて』は武備の衰退と逆比例して発達したに違いない」と推測する。薩摩に征服され、一般には武器を大っぴらに携帯することが許されなくなった以降に〝徒手の武術〟が発達したと考えられたからだ。

これらは船越が一九二三年に『琉球新報』紙上で発表した薩摩侵攻により武器を取り上げられ、「護身用として必要な唐手の練習をやらねばならない立場になった」という見解と同一のもので、長年「定説」のように扱われてきた。

だが最近の研究では、当時の沖縄で薩摩藩によって武器が完全に禁止された事実は存在しないという。禁止されたのは新たな武器をもつことくらいであって、それまで所持してきた刀や弓、槍《やり》などを引き続き所持することは許されたという。

また当時の琉球王国は実際は海賊などに対処する必要から軍事力を保有していた。そのため当時の沖縄が非武装国家だったという言説も正確なものではないとされる。

上記の沖縄学の大家二人が唱えた説に対し、「慶長以後」では時代として新しすぎる、「カラ手の発達は、慶長以前に始まりがあった」と根拠を挙げて反駁《はんばく》したのは、金沢大学のビットマン・ハイコ教授だ。

同教授が二〇一四年に発表した論文「空手道史と禁武政策についての一考察——琉球王

国尚真王《しょうしんおう》期と薩摩藩の支配下を中心に」は、薩摩藩の支配による禁武政策と空手の発達との因果関係は薄く、空手の祖型が中国から伝わったのは「慶長年間よりもっと早い可能性」を指摘する。

他方、文献をたどると、一七〇〇年代半ばには、現存する著名な型名である「公相君」という記載を残した文書（『大島筆記』）や、一八〇一年にいまの空手と同じように瓦を何枚も重ねて割ったことがうかがえる記録（『薩遊紀行』）が残されている。

『大島筆記』（一七六二年）は、琉球から薩摩に向かった官船が暴風雨に遭い、土佐藩の大島浦（現在の高知県宿毛《すくも》市）に漂着した際、土佐の儒学者が船員らに事情聴取した記録だが、その際、数年前に中国から拳法の使い手が琉球にやってきた際の様子が語られている。「公相君」と称する中国人は痩せた体格にもかかわらず、片手を乳の横に引き、片手および足蹴りを使って、力の強い者を倒したという証言がある。ここでは「組合術」と表現される。

さらに一七七八年に残された『阿嘉直識《あかちょくしき》遺言書』がある。

これは中から上クラスの琉球士族であった阿嘉が、自身の子に残した遺言書（家訓）とされ、その中には士族として身につけるべき教養、鍛錬すべき武芸などが書かれている。

同書では漢学や和学に通じるとともに、武芸においては怪我をしない程度に「示現《じげん》流」

(=薩摩の剣術)を稽古することを勧め、さらに「からむとう」と「やはら」については稽古には及ばない旨を指南している。

ここでいう「やはら」が日本本土に当時存在した古流柔術(=柔道の前身武術)を指すことは明らかだが、問題は「からむとう」だ。「からむとう」については、「唐無刀」や「唐舞闘」、「唐武道」を当てる説などさまざまな解釈が見られる。

加えて『薩遊紀行』(一八〇一年)は、薩摩を訪問した肥後藩士(熊本県)が、琉球駐在経験をもつ薩摩藩士から聞き書きした記録である。琉球事情などを日記形式で記した中に、当時の琉球における武術状況が盛り込まれている。同書が記述されたのは一八〇一年だが、実際に薩摩藩士が琉球に滞在したのは一七〇〇年代後半と見られる。

この史料の中で、薩摩藩士の目から見た琉球武術について、「剣術ややわらの稽古は手ぬるきものなり」との記載があるほか、「ただ突手に妙を得たり」と記し、具体的に「手ツクミ」と記載されている。

薩摩藩士が琉球在勤の折、「手ツクミ」の上手な者に瓦を割らせたところ、七枚重ねて六枚まで割ったという記載がある。さらに人の顔を突かせたら「そげる」といった表現、上手な者は「指を伸ばして突く」という空手の〝貫手《ぬきて》〟を表現したと思われる箇所もある。

前述の「組合術」「からむとう」「手ツクミ」はいずれもほぼ同時代に記載されたものながら、相互の関連性ははっきりしない。指摘できるのは、「組合術」の語を用いたのは土佐藩士、「からむとう」を使ったのは琉球士族、「手ツクミ」と述べたのは薩摩藩士という属性の違いくらいだ。

「組合術」は柔術の別称でもあるので、日本の武士が使った一般的な言葉として解釈できないこともない。一方、「からむとう」と「手ツクミ」が、同じ武術を指すかどうかもわからない。

このように現時点において、沖縄空手の源流武術を史料的にさかのぼれるのは実際は一七〇〇年代後半までが限界と見られる。そのため沖縄空手の「基盤となる武術」が定着した時期は、一四〇〇年代から一七〇〇年代くらいの間ではなかったかというのが本書の大まかな推測だ。

沖縄県立博物館・美術館の田名真之《だなまさゆき》館長（一九五〇〜）は二〇一九年に行った講演の中で、「空手は近世（＝一六〇九〜一八七九）の時代に沖縄で育てられ発展したもの」と総括し、「近代（＝一八七九〜一九四五）に入って大きく育てられた」と表現している。

沖縄伝統楽器「三線」と似た経路

そのことは沖縄伝統文化の一つとされる「三線」の伝播経路やその時期と比較しても合理的な解釈であるとする見方がある。三線も空手と同じく、中国福建省の楽器・三弦《さんげん》が十四世紀後半から十五世紀前半にかけて沖縄に伝わり、沖縄人の手で改良され、安土桃山時代に日本本土に伝播した。その間、多くの種類の三線が沖縄でつくられた。これらの経緯は空手の伝播経路ともほぼ重なるものだ。

一般に三線の原型が沖縄に伝わったのは一四〇〇年代といわれ、琉球王国が宮廷楽器として正式採用したのは一六〇〇年代初頭とされている。空手の源流となった武術が伝わった時期とほぼ重なるとの見立ては、まん

琉球国王が賓客をもてなした御茶屋御殿（ウチャヤウドゥン）の跡地。ここで琉球人が武術披露した記録がある

ざら外れたものともいえないかもしれない（ただし日本本土に伝来した時期は、唐手と三線とでは明らかに異なる。唐手は〝隠された武術〟であったために遅れたと考えられる）。

空手の伝来方法については明らかにいえることは次の二点だろう。

琉球王国が中国王朝の臣下としての契《ちぎ》りを示すために中国から定期的に受け入れて歓待した二十三回におよぶ冊封使《さっぷうし》の使節団（一四〇四〜一八六六）の一行に武官がまじっていたことは史実として明らかで、そこから何らかのものが伝わったことははっきりしている。事実、一七五六年以降の冊封使については、来琉した武官が空手指導を行った記録が残されている。

二つめに、沖縄人が中国大陸に渡り福州で学んでもち帰ったルートも、事実として揺るぎない。十四世紀末には福建地方から閩《びん》人三六姓と呼ばれるさまざまな技術をもった人びとが定着し、中国人居留地である久米村《クニンダ》を形成。そこから中国武術が伝わったとする見方も有力だ。

前述のように、中国に百三十回以上調査の足を踏み入れた武術研究家の金城昭夫は、「唐手は古来より中国拳法が幾度となく沖縄に伝来し、それが沖縄化して形成されたもの」との自説を主張してきた。それらを敷衍《ふえん》すると、沖縄空手は、中国福建地方から伝わった武術を沖縄式に土着化したものといえよう。

もちろん、「巻《ま》き藁《わら》」のように、沖縄で独自に発達したと見られる鍛錬器具も現存する。巻き藁は薩摩藩の剣術として知られる「示現流」の鍛錬法の影響という見方が有力だ。

空手の「源流」を示すさまざまな呼称

歴史研究は始まったばかり

「沖縄空手の歴史を筋道立てて説明している人は、いまのところいないと思います。これが決定版という空手の歴史に関する本もまだありません」

そう語るのは、『検証　沖縄武術史　沖縄武技——空手』（二〇一七年、沖縄文化社）を発刊した勝連盛豊《かつれんせいほう》（一九四七～）だ。

直接の空手経験はないものの、棒術の使い手で、そこから棒術の歴史の研究を始めたのが空手について調べるようになったきっかけだったと語る。

勝連の棒術に関する三十年におよぶ研究成果は、『検証　沖縄の棒踊り』（二〇一九年、同）として実を結んだ。その調査の過程で、空手がオリンピックに採用される時代になったにもかかわらず、正確な歴史がまとめられていないとの危機感をもったという。

検証　沖縄武術史
沖縄武技――空手
勝連盛豊
沖縄にもともと「手」武術はあったのか？
空手　発祥の謎に迫る
空手の型と術語の統一へ
2017 年に発刊された『検証 沖縄武術史 沖縄武技――空手』

勝連は、空手の歴史を考察した先達《せんだつ》として船越義珍に注目したが、船越の書き残したものを検証してみると、相互の史料間で矛盾が生じ、歴史書としては参考にならないとの印象を抱いたという。

『沖縄武技』の帯のキャッチコピーは、「空手発祥の謎に迫る」「沖縄にもともと『手《ティ》』武術はあったのか？」という刺激的なものだ。「実際には琉球古来の武術『手《ティ》』は存在しなかったと考えています。沖縄空手は、中国の拳法から沖縄人の体格に合わせてつくり変えられた（＝創作された）武術」と解説する。

ティーを裏づける史料は存在しない

アカデミズムの世界でも「空手の発祥」である沖縄空手の歴史についての研究が始まっている。まとまりをもつ最初の学術成果として注目されるのが、二〇一七年に琉球大・沖縄大非常勤講師の嘉手苅徹《かてがるとおる》（一九五六〜）が発表した研究論文「沖縄空手の創造と展開――呼称の変遷を手がかりとして」だ。嘉手苅は比知屋義夫《ひちやよしお》（一九三〇〜二〇一七）を師にもつ剛柔流空手の使い手でもある。

嘉手苅は月刊『武道』（二〇一七年五月号）に次のように記す。

「空手道の歴史を明らかにする近世の文献史料は極めて少ない。それらは、空手道史が記されるようになる近代以降、数少ない史料から推測された内容や口承によって唱えられた内容が検証されないまま引用され、それが正史として受け継がれていく風潮を生み出していったように見られる」

論文の中で、沖縄空手に関する学術的研究に関し、次の三つの問題点を挙げている。

（一）空手の起源として「手（ティー）」の言説が検証されずに引用されていること。

（二）琉球の徒手武芸が「手（ティー）」と中国拳法の融合によって発達したとすること。
（三）沖縄空手の「唐手」「首里手」「那覇手」「泊手」などの呼称が検証されずに引用されること。

空手の源流武術としての意味での「手」の語が初めて公式に言及されたのは、一九一三年の船越義珍の文章が初出とされる。それがいつの間にか一人歩きし、いまでは沖縄の過去の武術をすべて手（ティー）と表記し、実際にあったかのような風潮がまかりとおっているが、学問的に考えた場合、正確な根拠があってのことではないという。

前出の勝連は自身の調査のため、沖縄県立図書館で明治時代の新聞を一枚一枚めくる気の遠くなるような作業を重ねたと語る。その上で、「明治時代の新聞（県紙）に手（ティー）という記述はありません。ほとんどが『拳法』と記されています」と説明する。

確かに「手」という文字そのものは一七六二年の『大島筆記』にも登場する。だがそれが、沖縄固有の徒手武術を〝総称〟する意味で使われているかどうかはわからないと、研究者の間では考えられている。

なぜなら「手」は、日本語においても、琉球語においても、多くの意味合いを含んだ言葉にほかならない。結論として、船越が『琉球新報』に発表する以前、つまり近世（＝日本の江戸時代に相当）において、沖縄固有の徒手武術を前提として、手またはティーと総称した事実を示す史料は、いまのところ存在しない。

一方で、たとえ文献に残っていなくとも「言葉としては使われていたとしてもおかしくはない」と指摘するのは、前述の田名真之だ。田名は「現にティーチカヤ（ティーの使い手）、ティージクン（拳＝こぶし）、手ツクミなどの語は存在していた」と説明する。

一定しない「源流」の呼称

現在残るわずかな史料をもとに、過去に「空手」がどのように呼ばれていたかを研究したのが、先の嘉手苅論文だ。それによると、「空手」の源流武術を総称する統一的な名称はいまのところ見つかっていない。それは共通する名称が存在しなかったのか、あるいは史料の欠落などによって確定できないでいるのかも結論づけられない段階だ。

この論文によると、沖縄人が最初に固有の武術を指して呼んだとされる「からむとう」という語句がある。出典は一七七八年に書かれた『阿嘉直識遺言書』だ。

これについては、前述のように「唐無刀」（中国式の無刀捕り＝刀で切り掛かる相手に対処する徒手武術）や「唐舞闘」（中国式のレスリング）など複数の解釈がある。

前述のように上記『阿嘉直識遺言書』と同時代の一七六二年の『大島筆記』には、「組合術」の記載がある。

くだって一八〇一年の『薩遊紀行』では「手ツクミ」、一八五五年の『南島雑話』では、「ツクネス」「トツクロウ」の記載がある。

いずれも他の史料には出てこない呼び方であり、各史料の中に、それぞれの呼び名が〝点在〟している状態だ。そのため執筆者の嘉手苅自身、「この時期に琉球の徒手武芸には一般化された呼称はなかったのではないか」と述べている。

その後、空手の源流が共通の呼び名で登場するのは一八五〇年ごろ、「唐手」という文字が初めて複数の文献にクロスする形で登場する。

実際、船越義珍が本土で一九二二年に初の空手書籍を出版した際のタイトルは、『琉球拳法　唐手』（傍点筆者）だった。船越が最初に首都圏の大学で普及に取り組んだ慶応大学でも、一九二四年の創設当初は「唐手研究会」だったが、五年後の一九二九年に「空手研究会」に変更された。さらに沖縄においても、一九三六年、『琉球新報』での座談会において当時の著名空手家たちが話し合い、正式に名称を「空手」に変更することを決議した。

これらの経緯を見る限り、過去の琉球武術を「ティー」と総称するための確定的な証拠を見つけることは困難だ。

首里手と日本武術との関係

日本と中国、どちらの影響を強く受けたか

沖縄に伝わる伝統芸能の一つ、組踊《くみおどり》は、独特の抑揚《よくよう》のセリフと琉球舞踊、音楽の三つを組み合わせた沖縄版のミュージカルといわれる。二〇一九年は組踊の初演（一七一九年）から三百年の佳節となり、さまざまな行事が開催された。

組踊を創案したのは玉城《たまぐすく》朝薫《ちょうくん》（一六八四〜一七三四）で、琉球王国の官僚であり、劇作家でもあった人物。若いころから薩摩藩に渡り、江戸滞在経験をもつなど日本文化に造詣が深かった。踊り奉行《ぶぎょう》に任命された玉城は、江戸で見た能や狂言、浄瑠璃などを参考に組踊を創案。代表作の一つ「執心鐘入《しゅうしんかねいり》」では後半、沖縄のある寺が舞台となる。当時の真言

宗の寺院とされる。

重要なことは、琉球王国と日本文化の関係は、一般に思われているよりも相当に古いという事実だ。組踊が日本文化を参考にした点はともかく、仏教は日本本土経由ですでに十三世紀には沖縄に入り、古代神道も早くから入っていた。仏教では禅宗と真言宗が主流となり、神社も多くつくられた。

食文化を見ても交流の古さは明らかだ。沖縄では昆布が採れなかったため、北海道の昆布が「北前船《きたまえぶね》」で沖縄に運ばれてきた歴史がある。

逆の経路もある。中国大陸から伝わった三線が沖縄で独自化され、日本本土に渡った。唐手も同様の経路をたどって日本に伝わったとされる。

一般に沖縄は中国の影響を強く受けたとのイメージが強いが、実際は日本文化の影響もそれと変わらず強かったと見られている。それは、首里士族が日本と同様の畳文化の中で暮らし、中国式の家屋では生活しなかったことからもうかがえる。

前述のように沖縄空手は「首里・泊手」と「那覇手」の二つに大きく分けられる。那覇手は現在の剛柔流・上地流につながるが、いずれも流祖あるいはそれにつながる創始者が若いころに中国大陸に渡り、当時の中国武術をもち帰ったことははっきりしている。沖縄空手の中では比較的新しい流派といえる。

一方、首里手の歴史は相当に古い。古すぎてたどりきれないところもあるが、前述のような日本文化との交流の歴史を踏まえれば、日本からの武術的影響が明らかにあったはずと語るのは、琉球武術研究同友会の大城利弘《おおしろとしひろ》最高師範（一九五〇〜）だ。

那覇手と首里手の違い

大城は松林流（＝首里・泊手系）の高弟の一人で、米国生活が長く、実戦的な棒術をそのまま継承する山根知念流棒術の後継者としても知られる。その大城が次のように語る。

「当時の首里士族の生活様式は日本式ですから、当然ながら日本武術の影響があったものと思われます。体の使い方という観点でも、そうあらざるをえないところが出てくるわけです。文献上証明できるわけではありませんが、古流の柔術、剣術、槍、なぎなたなどの影響が明らかにあった可能性があります」

沖縄学の大家の一人、真境名安興《まじきなあんこう》（一八七五〜一九三三）は『沖縄一千年史』（一九二三年）の中で、「慶長の頃には、トリテ、ヰアイなどが流行した」と記述している。ここでいうトリテは〝捕り手〟の意味であり、当時の日本柔術を指している。ヰアイは居合《いあい》のことだろう。

すでに慶長年間（一五九六〜一六一五）には柔術が沖縄の地で流行していたことを指摘するものであり、日本武術の影響が早くから及んでいたことの傍証となる。大城は語る。

「私が神道自然流の小西（康裕）先生とお会いした際に言われたことは、空手の体の使い方は剣術のそれとまったく同じということです。沖縄に戻って長嶺将真《ながみねしょうしん》先生にそのことを話すと、先生も一〇〇％賛同されました。空手の間《ま》の取り方と体の使い方は剣術と同じなのです。ただしこの場合の空手は、糸洲安恒先生によって教育化される以前の古い空手（＝実戦空手）です」

実際、大城が大阪で棒術の演武をしたときのこと。八十歳を超える高齢のなぎなたの女性名手から、「あなたの型は古流のなぎなたの使い方とまったく同じです」と指摘されたと振り返る。

いずれも日本武術と首里士族の武術の関連性を示唆するエピソードだ。

「ナイファンチなどの首里手の型名称は確かに福建語由来のものが多いですが、かといって中国式のやり方をそのままやったかというとそうではないと思います。型の中身は相当に沖縄化されています。首里士族の生活用式は中国式ではなく日本式なわけですから、武術もそうなるのは当たり前です」

要するに、首里士族に伝わった武芸は、日本武術の影響が強かったところに、中国の型が導入され、さらに沖縄ナイズされた。それが現在に伝わる〝首里手〟であろうとの見立てである。

首里手は単一の人が伝えた武術ではなく、さまざまな立場の人間が関わる歴史的な流れの中で形成された面が強い。

「首里手を続けてきた私から見ても、剛柔流はすでにかなり沖縄化されていると思います。次にどのような動作につながるかある程度予測できる面があるからです。一方、上地流はまったく予測がつきません。それだけ中国武術の影響を色濃く残しているからと理解しています」（同最高師範）

一般に、空手は中国文化の影響が大きいと見られてきたが、日本文化との関わりを指摘するこれらの見解は、武術の現実的側面から当然に導き出される推論だという。

古い型名称の記録

空手の型名称の多くが、中国の福建語に由来することはこれまで繰り返し述べてきた。

文献上、最も古く記録されている「公相君」、さらに一八四六年に演武された型として記録が残る「パッサイ」「クーサンクー」、加えて一八六七年の冊封使終了を祝賀する久米村の催しの演目として、「十三歩」「ちしやうきん」「壱百〇八歩」が記録されている。

これらはそれぞれ、現在、首里手・那覇手で広く行われている「セーサン」(流派によって内容が異なる)、「シソーチン」、剛柔流の難易度の高い型として知られる「スーパーリンペイ」を指すものと推測される。

さらに一八九六年に出された教育関係の機関誌では、「パッサイ」「クサンクン」「ナイハンチン」の記載がある。

一九一三年の『琉球新報』に船越義珍が書いた「唐手は武藝の骨髄なり」では、「流行の手」として、以下の型名が紹介されている。

サンチン、セーサン、ナイハンチ、ピンアン、パッサイ、クーサンクー、五十四歩、チントー、チンテー、ジーン、ジッテ、ワンスー、ワンドー、ペッチューリン……。

すでに見られなくなった型も含まれるが、空手の初期に認識されていた型として特筆できる。

空手の型名のほとんどが中国由来とはいえ、数少ない例外として、糸洲安恒が一般向けに創作した「平安」（ピンアン）、剛柔流の宮城長順が初心者用につくった「撃砕」（ゲキサイ）、長嶺将真と宮城長順が入門者用に創作した「普及型」（ⅠとⅡ）などがある。

なぜ日本で唐手は受け入れられたか

一九〇五年、「唐手」は沖縄の学校教育に正式に取り入れられた。背景として、青少年の肉体および精神を強化することは軍国化する日本社会で時代の要請と合致していた。実際、一九二二年に発刊された船越の著書『琉球拳法　唐手』には、多くの軍人が祝辞を寄せている。

振り返ると、船越の空手普及の陰には、日本人協力者の存在も欠かせなかった。講道館柔道の創始者として知られ、「日本体育界の父」と称された嘉納治五郎《かのうじごろう》（一八六〇～一九三八）がその一人だ。

「唐手」は大正年間に日本本土で普及が始まったが、中国を忌避する時代風潮から「空手」に名称変更された。同じ理由から、船越は多くの型名を中国式から日本式に独自に変更した。ナイファンチを「鉄騎《てっき》」、チントーを「岩鶴《いわつる》」にといった具合だった。

日本本土で発生した四大流派のうちの三つ、「松濤館」「糸東流」「剛柔流」はいずれも順に、船越義珍、摩文仁賢和、宮城長順という沖縄人が開いた流派である。また、もう一つの「和道流」を開いた大塚博紀《おおつかひろのり》（一八九二〜一九八二）は茨城県出身だが、沖縄人である船越の直弟子に当たる。

さらに沖縄の三大流派「小林流《しょうりん》」「剛柔流」「上地流」も、それぞれ知花朝信、宮城長順、上地完文という沖縄人が開いた。

つまり、空手のすべての流派は沖縄人に端を発している。だが日本本土で形成された空手は、試合化（＝スポーツ化）される過程で型動作が統一されるなど、多くの技法が改変された。海外の空手愛好家からも、沖縄で行われている空手と日本本土の空手とは〝別物〟であり、沖縄空手こそが「源流」、「本場」のものとの認識が広がっている。

戦後になると、極真空手をはじめとするフルコンタクト系空手も世界に広まった。この流派も元をたどれば剛柔流と松濤館空手の系統で、沖縄空手に行き着くことはこれまで述べてきたとおりだ。

世界に一億人を超える愛好家がいるとみなされる空手。その流れを大別すると、「沖縄空手」「日本本土の空手」「フルコンタクト空手」の三つに集約される。オリンピックで正式種目となったのは、二番目の「日本本土の空手」に基づく競技だ。

空手普及の功労者　糸洲安恒

学校教育用に公開された「秘伝の武術」

一九〇一年、首里尋常小学校の体操科目として初めて唐手が取り入れられたとされ、「近代空手の父」「明治の拳聖」と謳《うた》われた糸洲安恒が率先して指導を行った。

一九〇五年には沖縄県立中学校（後の県立第一中学校、現在の首里高校）と沖縄県師範学校において正課体育として採用され、糸洲が唐手教師の嘱託《しょくたく》となった。当時、沖縄県に中学校が一つしかなかった時代である。

糸洲は中学生の教育用に「型」の枠組みを整え、再構築した。本来の空手は人を殺傷する武術体系にほかならなかったが、目つぶしや急所攻撃など、教育上好ましくない危険な技を削除し、「教育空手」としての様式を整えた。

屋部憲通《やべけんつう》（一八六六〜一九三七）が師範学校で、花城長茂《はなしろちょうも》（一八六九〜一九四五）が県立中学校で、それぞれ師範代として糸洲の助手を務めた。二人とも日清・日露戦争に従軍した経歴をもつ、沖縄では著名な軍人として知られる。

空手を使った教育は初の試みということもあり、県の諮問に答える形で、糸洲が空手の教育効果に関する答申書をまとめた内容（唐手心得一〇カ条）が「糸洲十訓」として残されている。

大きな功績を残しながら晩年は不遇

糸洲安恒は他の多くの空手家と似て、幼少期、体が丈夫でなかった。空手の師匠は松村宗昆などで、十五歳ごろから空手の稽古を通して頑健な肉体を手に入れたとされる。

身長はさほど高くなかったが、体は樽《たる》のような形で、突きの威力は相当なものだったという。弟子の船越義珍によると、多くの武勇伝もあったようだ。「糸洲十訓」を読めばわかるとおり、糸洲にとっての空手は、最後まで使わない（相手を傷つけない）のが信条で、うまくさばいて相手を退散させることこそ正しい兵法だった。

その意味では、実戦を求めて多くの武人と路上で手合わせを志した他の空手家とは異なっている。

琉球政府の祐筆《ゆうひつ》（書記官）を務めた糸洲は、多くの弟子を育てたことで知られ、その中に小林流開祖の知花朝信がいる。そのため糸洲は首里手系の空手家と見られることが多いが、実際は那覇手系の空手も学んでおり、純粋な首里手の使い手というわけではなかった。

糸洲は学校教育のために「平安《ピンアン》」の型を初段から五段まで創作した。古流の型はだれがつくったのかさえ判明しない古いものばかりだが、「パッサイ」「クーサンクー」「チントー」などの古流の型のエッセンスを用いて創作したとされる「平安《ピンアン》」は、いまも多くの流派に引き継がれる。ただし、本土に伝わった際に多くの改変がなされ、オリジナルの「平安《ピンアン》」を行っている流派はむしろ少ない。

糸洲十訓では、空手は青少年が軍人として生きていく上で有用といった項目も見られる

沖縄県立第一中学校生徒による空手の集団演武（1937年頃。『沖縄空手古武道事典』より）

が、これは糸洲が軍国主義者であったというわけではなく、日清・日露戦争に勝利した直後の日本の世相を反映したものといえよう。

現在も、沖縄の小中学校では空手の型が朝礼時の体育運動として一般的に行われている例が多いが、それらの流れをつくったのは糸洲安恒だ。

世界につながる沖縄空手の普及に多大な功績のあった人物ながら、晩年は経済的に困窮したと伝えられる。これほどの功績がありながら、糸洲の本格的な伝記は一冊も残されていない。

糸洲家の墓にある顕彰碑（那覇市）

空手普及の功労者　船越義珍

帝都・東京で空手普及に尽力

沖縄出身の富名腰義珍《ふなこしぎちん》は、「船越義珍」として空手界にその名を残している。

幼少時は虚弱体質で気弱な性格だったといわれるが、十代のはじめに同級生の父親で首里手の大家だった安里安恒に師事して克服した。当時の空手修行は夜陰に乗じて秘密裡に行われた時代で、毎夜提灯《ちょうちん》をぶらさげて安里宅との夜道を行き来したとい

船越義珍（『愛蔵版　空手道一路』より）

う。

「安里先生の門人は当時私一人だった」と回想している。さらに安里の親友であった糸洲安恒にも師事し、富名腰の空手における師匠はこの二人だ。

富名腰が残した著書『空手道一路』によると、「二人とも私にとってなくてはならなかった先生」であり、「安里先生が丈高く、肩幅広く、眼光爛々《らんらん》としていかにも古武士の風格を具《そな》えておられたのにくらべて、糸洲先生は身長は普通だが胸が非常に厚く、そのために体躯《たいく》はちょうど樽のような感じであった」と回想している。

富名腰は独学で小学校準訓導の資格をとり、十八歳で教壇に立って以来三十年以上にわたって沖縄の地で教育に従事した。一九二二年五月、五十三歳のときに沖縄県を代表して文部省主催の「第一回運動体育展覧会」で空手を紹介・演武するために上京。講道館の嘉納治五郎館長などから請《こ》われるままに東京に残り、後半生のすべてを首都東京での空手普及に注ぐことになった。その功績を称《たた》え、「日本空手道の父」と称される。

当初東京での普及活動は経済苦に見舞われるなど楽なものではなかったが、一九二四年に慶応大学で初めて唐手研究会（後の空手部）が創設されたことを嚆矢《こうし》として、東京大学、早稲田大学、拓殖大学、法政大学、中央大学など、首都圏の主要大学を足場に普及に努めた。

日本で最初の空手教本といわれる『琉球拳法　唐手』が発刊されたのは一九二二年のことで、当初の著者名は改名前の「富名腰義珍」だった。

当時、船越の空手歴は四十年をすぎたころで、五十代半ばの年齢だったことについて沖縄空手界の長老からは、これから空手の境地が本格的に開かれるという直前の時期に本土で普及に当たったことを残念がる声も聞かれる。より境地を開いた段階で指導に当たっていれば、いまとは異なる形になっただろうとの考えからだ。

さらに社会の指導階層となる大学生を対象に普及したことは、短期間で空手の広がりをもたらした半面、学生ならではの四年間という時間的制約のもとでカリキュラムを再編成する必要が生じ、勢い指導内容が沖縄における地道で息の長い稽古方法とは正反対の、促成栽培的な側面が強くなった点がいなめなかった。

船越が出版した唐手に関する最初の書籍（復刻版）

若年世代の修練者たちは、沖縄伝統空手に特徴の古流の型を反復するといった地味な稽古法にあき足らず、対人で技を試そうとする自由組手に走りがちで、さらに柔道・剣道のような試合形式を模索する動きが強まった。

そうした動きが高じた結果、船越自身が指導にさじを投げ出した時期もあったとされる。

「空手に先手なし」の思想受け継ぐ

空手の型はほとんどが受けで始まるため「空手に先手なし」の思想が広く知られる。以前からあったこの言葉を有名にしたのは船越義珍である。

七十歳をすぎた一九三九年一月、船越は豊島区雑司《ぞうし》が谷《や》に日本最初の本格的な空手道場を新築、「松濤館道場」と命名した。現在の本土空手四大流派の一つ、世界に広がる松濤館空手はこのときスタートした。

一九三八年に刊行された仲宗根源和《なかそねげんわ》著『空手道大観』に、船越は「空手道二〇か条とその解説」と題する文章を掲載した。その第二条に「空手に先手なし」が置かれている。

船越が東京に出る前年の一九二一年、皇太子時代の昭和天皇は外遊の途中で沖縄に立ち寄っている。その際沖縄で受けた三つの印象のうちの一つが唐手の妙術と後に聞いた船越

船越義珍の顕彰碑（沖縄県立武道館そば）

は、自身が首里城正殿前での御前演武《ごぜんえんぶ》を指揮した経緯があったため、感極まった気持ちになったと『空手道一路』に記している。

二〇一八年三月、明仁上皇は天皇在位中最後の沖縄訪問で、初めて与那国島《よなぐにじま》を訪問するとともに、本島・豊見城《とみぐすく》市の「沖縄空手会館」を初訪問。地元の空手家長老らの演武を見学した。

日本が誇る沖縄発の武術を、両天皇が時をへだてて現地でご覧になられたことになる。

船越義珍の顕彰碑は、沖縄県立武道館そばの那覇市奥武山《おうのやま》町の「沖宮《おきのぐう》」の入り口に設置されている。

ちなみに、極真空手の大山倍達も若いころ、船越に師事した時期がある。

II
沖縄空手の流派

沖縄独自の流派　上地流

上地流《うえち》は、沖縄空手の三大流派（しょうりん流・剛柔流《ごうじゅう》・上地流）の一角を占め、独特の存在感をもつ。三流派の中では比較的歴史が新しいが、戦後は米国を起点に世界へと広がった。

歴史的に見ても、小林流《しょうりん》や剛柔流が日本本土に伝播《でんぱ》し、現在の四大流派（松濤館《しょうとうかん》・剛柔流・糸東流《しとう》・和道流《わどう》）の基礎を構成したのと比べると、対照的な立ち位置だ。一例として、本土空手の主力組織といえる全日本空手道連盟において、上地流の型《かた》は指定型（空手の型試合で演武するときの対象型）に一切含まれていない。

その意味でも、上地流は沖縄独自の流派といえる。歴史が浅いというハンディキャップにもかかわらず、上地流はなぜ戦後急速に伸びたのか。なぜ沖縄空手の一角を占めるに至ったのか。

流祖・上地完文の半生

二〇一八年四月、新緑鮮やかな季節に沖縄本島中部の桜の名所として知られる「桜の森公園」（本部《もとぶ》町）で、上地流空手の開祖・上地《うえち》完文《かんぶん》（一八七七〜一九四八）の銅像建立除幕式が行われた。

台座と銅像を合わせて八百万円以上の建設費は、多くの門弟や支援者らの寄付によって賄《まかな》われたものだ。約三メートルの銅像は、完文が晩年をすごした伊江《いえ》島を背に、生誕の地・本部町伊豆味《いずみ》の方角に向かって建っている。

式典には上地流関係者をはじめ、流派を超《こ》えた空手関係者など数百人がかけつけた。

上地完文翁・銅像建立除幕式でテープカットする関係者（2018 年 4 月）

主催者挨拶《あいさつ》に立った四代目宗家の上地完尚《うえちさだなお》（一九七一～）は、冒頭、天気が晴れたことに安堵《あんど》の思いを口にした。完尚は上地完文のひ孫に当たる人物だ。

完文は、一八七七年に本部町で出生し、二十歳のとき空手修行をめざして福建省福州市に渡った。徴兵忌避のためとの説も残されているが、強くなりたいとの一心で海を渡ったことは事実と思われる。

中国では南派少林拳の達人・周子和《しゅうしわ》（一八七四～一九二六）に師事し、二十七歳で免許皆伝《めんきょかいでん》となり、その後南靖《なんせい》という町で自らの道場を運営した。

帰国したのは一九〇九年。都合十三年間の大陸生活で達人レベルの技法を身につけながら、帰国後、故郷の沖縄で空手を教えることはなかった。

理由として、中国で指導した弟子の一人が、あるとき揉《も》めごとに巻き込まれて誤って人を殺《あや》めてしまったことへの自責の念が強かったからといわれている。

沖縄に戻った完文は結婚後、農作業で生計をたてながら、二男二女の子ども四人を含む家族を養った。転機となったのは大正末期、和歌山の紡績工場に転職し、単身出稼ぎに出たことだった。

パンガヰヌーン拳法を創設

故郷に戻りながら空手を教えることなく十七年の沈黙を守った完文が、空手指導を始めるきっかけとなったのは、同じ沖縄出身の同僚らによる度重なる懇請だった。

一九七七年に発刊された大部の『精説沖縄空手道』（上地完英《うえちかんえい》監修。上地流空手道協会）によると、和歌山の紡績工場の社宅を使って空手指導が始まったのは、一九二六年四月とされている。社宅といっても、八畳ほどの狭い一室を使ってのことだった。

このとき完文は四十九歳。孔子の教えに従えば、五十にして天命を知る直前に自身の天命を悟ったということになろうか。

その後、中学を卒業したばかりの長男・完英（一九一一〜九一）を和歌山に呼び寄せ、父子一体の精進《しょうじん》が重ねられた。

一九三二年には名称を「パンガヰヌーン拳法」と命名。パンガヰヌーンは半分硬く、半分柔らかいという意味の福建語というが、一九四〇年に「上地流」と改名し、現在の流派名に至る。

完文が長男の完英に免許皆伝を許したのは、自身と同じ二十代の半ばすぎ。戦争激化が見込まれた一九四二年には、完英を先に沖縄に帰してもいる。

完英は最初沖縄の名護市で道場を開いたが、これが空手発祥の地・沖縄で上地流が始まった記念の年（一九四二年）となった。

上地流は、沖縄出身者によって開かれた流派ながら、沖縄ではない遠い日本本土で産声をあげ、その後沖縄に戻るというイレギュラーな経過をたどった。

二十年余りの和歌山生活を終え、完文が沖縄に戻ったのは終戦後の一九四六年。故郷の本部町に近い伊江島に居を落ち着け、少数の弟子たちに空手を指導する日々をすごした。

戦後まもなく亡くなった上地完文翁（左）と2代目宗家の上地完英（66歳のころ）（『精説沖縄空手道』より）

この時期、完文から一年ほど指導を受けた空手家に、沖縄県指定無形文化財保持者（空手・古武術）だった友寄隆宏《ともよせりゅうこう》（一九二八～二〇一九）がいる。伊江島出身の友寄は語った。

「県立一中（現、首里高校）時代、徳田安文《とくだあんぶん》先生から小林流を、宮城長順《みやぎちょうじゅん》先生（剛柔流開祖）から剛柔流を教わりました。伊江島に戻ってから、上地完文先生に（上地流の最も基本となる）サンチンの型を教わりました。そこでサンチンだけを一年かけて練習しました。先生は私に忍耐力があるかどうか、どういう心持ちで空手をしているのか試していたと思います。その後、伊江島を出て、（沖縄本島で）米軍の憲兵隊の通訳として働くようになりました」

ちなみに、和歌山の紡績会社に勤務していた時代の完文に、熱心に空手指導を懇請し、口説き落としたのは、隆宏の実父で、完文と同じ紡績工場で働いていた友寄隆優《ともよせりゅうゆう》（一八九七～一九七二）だった。

隆宏はその後、ふた回り近く年長の二

「空手のおかげでいまも車を運転できるほど元気です」と語っていた90歳当時の友寄隆宏さん

代目宗家・上地完英から、直接指導を受けることになる。

友寄隆宏が完英に初めて出会ったのは、かつての師匠である宮城長順に誘われ、戦後まもないころの演武会に参加したのがきっかけだったと語る。

そこで完英は、古武道の演武で使用された樫《かし》の木製の六尺棒を借り、「この棒で私を叩《たた》いてもらいたい」と会場に呼びかけると、力自慢の外国人が一斉に手を挙げたが、サンチンで鍛え上げた完英の肉体が逆に堅固な棒をへし折ってしまった。この光景を目にして、友寄は父親と同じ上地流に打ち込むことを決意したという。

二代で築いた流派の基礎

上地完文がこの世を去ったのは一九四八年。栄養失調のため、享年七十一だった。

このとき最期の地・伊江島から名護市の実家まで亡骸《なきがら》を小舟に乗せて運んだ一人が、新《しん》城《じょう》清良《せいりょう》（一九〇八～七六）である。

清良は和歌山の紡績工場時代に完文に師事し、またその子・清優《せいゆう》（一九二九～八一）も、十歳で上地流空手に入門。戦後完文が帰郷するのに同行した。孫の新城清秀《しんじょうきよひで》（一九五一～）も十歳で空手を始めた、いわば三代続く空手一家だ。

話は戻るが、上地流空手を開いた完文の死後、後継者となったのは、若くして免許皆伝を許されていた完英だった。完英はじきに「不惑」に届こうとしていた。

戦後まもないころ、完英は弟子らの勧めで、道場を名護市から宜《ぎ》野湾《のわん》市野嵩《のだけ》に移す。米軍施設の普《ふ》天間《てんま》飛行場に近い場所で、友寄の証言によると、当初、完英は名護から毎日自転車に乗って指導に通っていたが、見かねた弟子たちが米軍の工事現場などから材料を調達するなどして、戦後の資材窮乏の中、かやぶき屋根の小さな家（自宅兼道場）を急ごしらえで造り、家族全員で引っ越してもらったという。これが上地流の普天間道場の始まりとされる。

一九五〇年にこの道場に入門した高良信徳《たからしんとく》（一九三〇〜）は、当時の上地流は、普天間、那覇、小禄《おろく》の三つの道場の時代だったと振り返る。

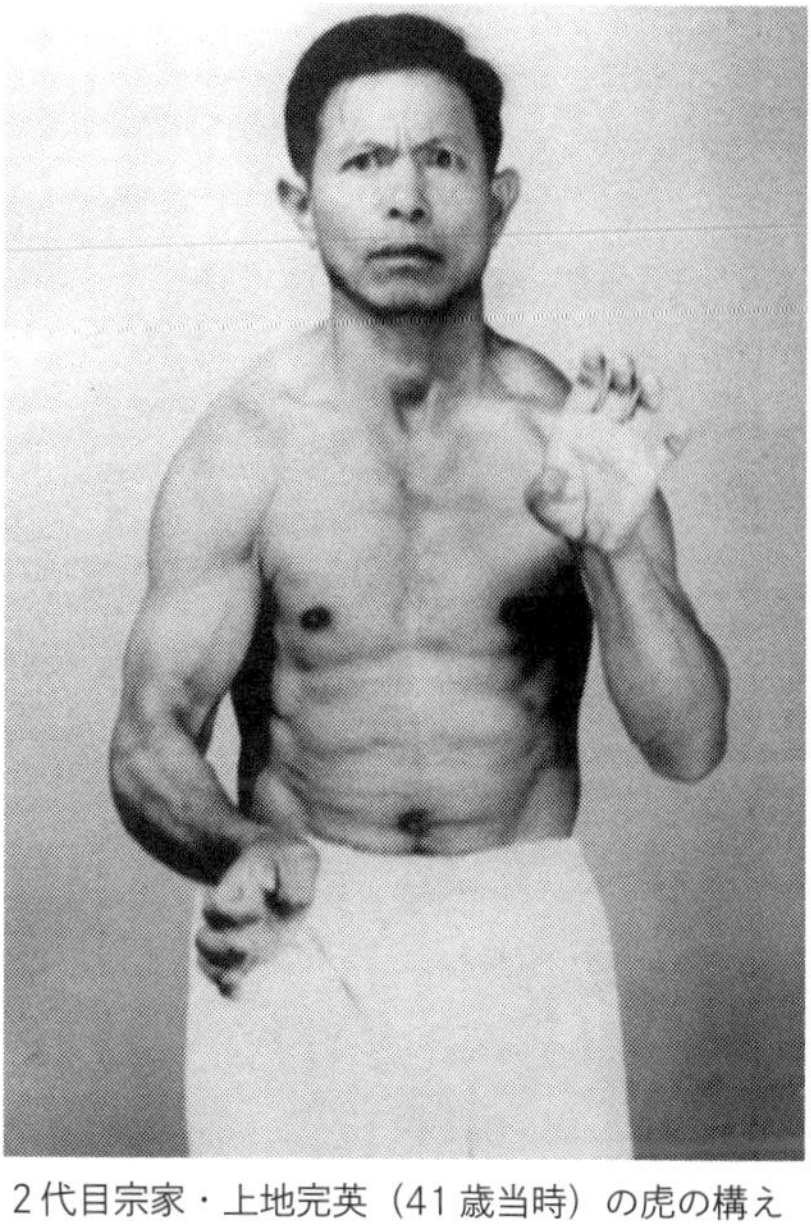
2代目宗家・上地完英（41歳当時）の虎の構え
（『沖縄空手古武道事典』より）

それぞれ完文の三高弟といわれた上地完英、糸数盛喜《いとかずせいき》（一九一五〜二〇〇六）、上原三郎《うえはらさぶろう》（一九〇〇〜六五）が指導しており、高良は完英の指導する普天間道場で稽古に励んだ。

まだ空手着などない時代で、パンツ一枚で、夜七時から二時間程度、週七日稽古したという。稽古は昼すぎから始まる午後の部と、夜の部とがあった。

「僕らの時分は草創期で門弟も少ないですから、夜の部に来るのは四、五人もいませんでした」

当時の稽古体系は、サンチンを三年くらいかけて行うと同時に、小手鍛えや巻《ま》き藁《わら》突きなどを繰り返したという。

「昔は朝から晩まで巻き藁を突いていました。いまはスポーツ空手になって、スピードが重視されますが、もともとの上地流の特徴は、体を硬くして、スピードをつける。相手が

草創期の普天間道場に入門し、空手歴 70 年近い高良信徳さん

突いてきたら、一発で相手を倒すとの考えのもとで練習していました。そのへんの感覚はいまとはかなり違うかもしれません」

サンチンが終わると、次の型であるセーサン（十三）に移る。そこで初めて黒帯として認められた。といっても、段位制度がない時代で、初段や二段といった区別もなかった。

型は、完文が中国からもち帰ったサンチン、セーサン、サンセーリューの三種類のみ。通常はサンチンからサンセーリューまでを十年くらいかけて行ったという。

その後、演武会を催しても披露できる型が少なくすぐに終わってしまうなどの理由から、二代目の完英の時代に新たに五つの型が創作され、現在、上地流では八つの型を使用している。

上地流は、初代が中国で身につけた拳法を日本に伝え、二代目の時代になって流派としての土台が形成されたといえる。

上地流空手の特質

「いざというときにこの手足が使えるのか、殺傷力を日々鍛錬してきました。（沖縄空手は）型さえできればいいというものではありません。いざというときに型の中身を使える空手でなければ、所詮は絵に描いたモチにすぎなくなります」

そう語るのは、上地流空手道拳優会《けんゆうかい》を率いる新城清秀だ。祖父が伊江島出身で、三代にわたり上地流空手を修行してきた。新城自身、さまざまな試合（組手《くみて》・型）で多くの実績を残してきた実力者。現在の上地流の顔ともいえる存在だ。

一九五一年生まれの新城が空手を始めた一九六〇年代は、そのままベトナム戦争の最盛期に重なる。当時の上地流は「実戦空手」を標榜《ひょうぼう》し、激しい自由組手の稽古で知られるようになっていた。

新城の回想によると、当時は外国人を受け入れない道場も多かった中、沖縄の人が月謝三ドルのところ、外国人は十ドル払っても平気だったため、経済的理由もあってどんどん入門させた。上地流にはそうしたハングリーさがあったという。

上地流は実戦空手で広まったと語る新城清秀さん

だが、稽古のたびに激しい組手で前歯や肋骨《ろっこつ》を折ったり、鼻血が出るのは日常茶飯事。道場の外にはいつも米軍病院の救急車が待機している状態だったという。

「外国人が威張って歩く時代ですからね。（沖縄は）いわば植民地ですから。外国人が来ると道場は喧嘩《けんか》同様の修羅場になりました。上地流にはそうした歴史があるのです」

さらに稽古場は「道場内」ばかりとは限らなかった。

昔の「掛け試し」さながら、米兵のたむろするバーなどに繰り出し、先輩の指令で、ストリート・ファイトを繰り返した時期があったという。だがそんな行動が長続きするわけはなく、上地流として組手試合のルールがつくられ、若者らのエネルギーは健全な方向に発揮されるようになった。

新城は、上地流が広まった理由を、この時代の「実戦空手」にあったと見ている。自分たちよりはるかに大きな駐留米兵の門下らを日常的に相手にしながら、必殺技の研究に余念がなかった。組手を避ける流派と異なり、上地流では実戦に使えない空手は無意味と考える風潮が強かった。

日本本土では同じころ、極真《きょくしん》空手のブームが起きつつあった。「実戦空手」という意味では、上地流はけっして引けを取るものではない。

ちなみに極真が組手試合で採用しているフルコンタクト・ルールでは、拳による顔面攻撃は禁止されているのに対し、上地流では顔面には当てないものの、寸止めで顔面攻撃そのものはポイントの対象となるという。そのため同流派の試合は、より実戦に即した評価を含むルールになっているといえよう。

極真の試合を見た上地流関係者が、「顔面のガードがおろそかになっている。あれでは実戦では通用しない。甘すぎる」と酷評するのは、フルコン・ルールがもたらす弊害を指してのことだ。

上地流はなぜ世界に広まったのか

戦後なぜ上地流は世界に広まったのか。沖縄に駐留していた米兵が母国に帰国し、そこから世界中に広まったと説明するのは高良信徳だ。

特にベトナム戦争時代、発進基地となった沖縄では、米兵が戦場から帰ってくると、暇をもてあましてできるだけ体を鍛えようとする風潮があり、空手道場に通ってきたという。米軍の部隊が沖縄の各流派と契約して彼らに教えていた時代もあったという。

米兵の通訳として働いた経験をもつ友寄隆宏は、あるとき得意の英語を見込まれ、上地完英から普天間道場に通っていた通信部隊数人の指導を頼まれた。彼らにあとどのくらい沖縄にいるのかと尋ねると、任期はあと一年という。熱心な生徒だったこともあり、一年間でどのくらい習得できるか限界に挑戦してみようと考えたと振り返る。

「一週間に何日とかではありません。毎日三百六十五日、十七時ごろ来て、二十時半、二十一時まで家にいた。ふつうなら十年くらいかけてサンチンからサンセーリューまでやるところをわずか一年間で教えました。私としては一つの実験でした。いよいよ帰国するというときに昇段審査を受けたら、そのうちの一人は沖縄の各道場から来た生徒の中で最高点を取りました」

名前をジョージ・マットソンといったその生徒は、米国に帰国後、ボストンで大学生となり、友寄に指導されたとおり、友人数名に空手を教えることで、自らも空手を続けた。やがてマットソンに空手を学んだ友人らの親が、「うちの息子は心も態度も一変した」と感謝するようになり、ボストンの一等地に道場を提供したいと申し出る篤志家《とくしか》も出てきた。

道場には医者や弁護士、警察官など、社会でそれなりの立場にある階層が集まり、マットソンが空手に関する著作をアメリカで出版すると、ベストセラーになった。外国大使の子弟も増え、そこからさらにヨーロッパ各国に広まる流れがつくられていったという。

あるとき空手の稽古で腹筋が鍛えられ、お産が楽になるとの評判が広がり、女性にも広がったという。友寄によると、米国の生徒に産婦人科医がいて、科学的にそのことが証明されたらしい。

上地完文の三高弟の一人、上原三郎の長男・上原武信《うえはらたけのぶ》（一九三〇〜）は和歌山で生まれ育ち、十六歳で父親の故郷である沖縄に定住した人だが、上地流空手の長所について次のように語る。

「上地流のサンチンは、剛柔流のそれとは息づかいが異なります。上地流の場合は吐くことに力点があって、吐けば自然と吸うという考え方です。シュッ、シュッと音を出しながら吐きますが、サンチンの歩行をしながらそうしているだけで、一切の雑念をなくし、無我の境地になっていく。精神的に非常に鍛えられる面があります。精神が強くなると、仕事でも好き嫌いがなくなる。子どもなら、根性がついてくる。そうした効用に魅力が集

上地流空手の精神的効用を説く上原武信さん

まったのだろうと思います」

上地流の特徴に「肩を下げる」というものがある。高良信徳は上地完英から「空手は道場だけのものではない。道場だけでなく、生活の中に入れなさい。肩を下げて歩きなさい」と指導されたという。

友寄隆宏によると、身体操作として肩を下げることで肋骨（あばら骨）が〝一枚板〟になる効果があり、そうなると叩かれても蹴られてもびくともしない人体構造になるという。「蹴られた瞬間、突かれた瞬間に肩を下げることによって、全然痛まない。まったく違います」

そう語る友寄の身長は百六十センチほど。現代の感覚では小柄であっても、当時の沖縄人では平均に当たる。

「完英先生も完文先生も私と同じくらいの身長でした」（友寄）

流祖と二代目に接した多くの人たちが語るのは、二人に共通する人柄だ。「おとなしい」「無口」「寡黙《かもく》」「人がいい」など、沖縄人の典型ともいえる純朴な人柄が浮かび上がる。

伝統を守る側の急先鋒に位置した過去

戦後の沖縄空手界を二分することになった一九八一年の国体問題。国体に参加するためには笹川良一が会長（当時）を務める全日本空手道連盟（全空連）の傘下に入る必要があった。そのため沖縄伝統空手の変質を危惧する声が相次ぎ、沖縄空手界を二分する大論争に発展した。

沖縄空手は日本本土に渡り、その過程で、伝統の型が改変され、さらに競技化されたことで、本質とは似て非なるものに変わったと、沖縄の空手家たちは考えていた。

このとき全空連参加に流派をあげて最も反対したのは、上地流であったかもしれない。少なくとも他の流派と異なり、全空連において上地流の型は指定型として認められておらず、型競技に関する限り、上地流にとってのメリットはどこに

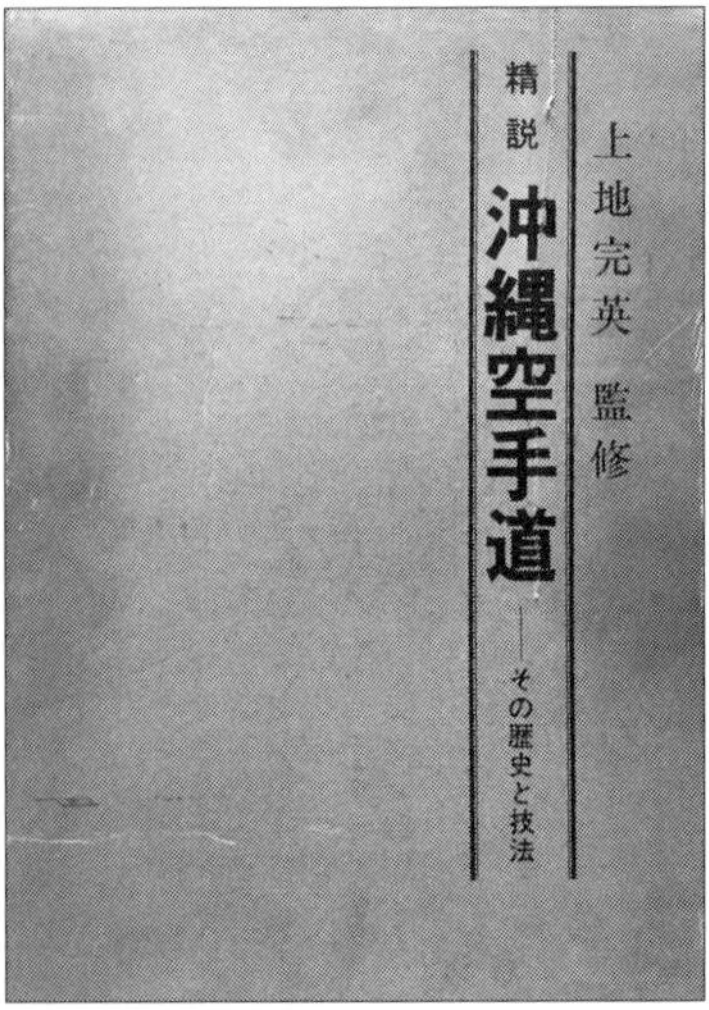

稀少本として高額売買される上地流教本『精説沖縄空手道』

もなかった。

上地流は形式でなく、実質を重視する面もあった。実質とは空手の本来の意義である実戦(護身)のための空手を指す。

上地流で反対の急先鋒の一人となったのは、大学教授の高宮城繁《たかみやぎしげる》(一九三五〜二〇一四)だ。一九七七年に流派の教則本である上地完英監修『精説沖縄空手道』という分厚い書物が発刊されているが、実質的に編集を統括したのは高宮城だった。この本は稀少価値が生まれ、現在もインターネット上で十万円以上の高額で売買されている。

話を戻すと、一九八一年からすでに四十年近い歳月が流れ、いまでは上地流においても、全空連傘下の「沖縄県空手道連盟」(県空連)に加盟し、競技を行う道場も増えてきた。

もともと伝統側の団体「全沖縄空手道連盟」の理事長を務めながら、その後「沖縄県空手道連盟」に移籍し、現在、副会長の要職を務める新城清秀は次のように語る。

「沖縄は空手発祥の地として、型に残されている伝統を保存・継承していかなければならない義務がある。一方で、スポーツとしての競技空手がある。次の時代を担う子どもたちが、国体とかオリンピックとかをめざす道がある。大きな舞台に立って、初めて人間が成長する面は否定できない。青少年への教育効果を考えると、競技としての空手を無視できるものではありません」

現在、沖縄空手界には四つの大きな団体があり、その四団体は歴代沖縄県知事が会長を務める「沖縄伝統空手道振興会」のもと、ゆるやかに統合されている。前出の上原武信は、四つの団体に各流派が分散している現状に深い懸念を表明する。

「四つの団体それぞれに、しょうりん流があり、剛柔流があり、上地流があるという混在した状況になっている。外国から見ると、何が何だかよくわからない状態だと思います。これから世界に沖縄伝統空手を本格的に広げようというときに、このままでは力が分散され、本当の力を発揮しにくい。沖縄空手の伝統がどこに宿っているのかと聞かれれば、あくまで『型』であり、それは各『流派』に宿っています。現状では流派内の意思疎通があまりに少なく、今後は親睦を目的とした四団体とは別に、『流派』を統合し、一本化する動きを強めていかないと、沖縄空手は世界に広がらないのではないでしょうか。私はそのことを危惧します」

この問題は上地流に限ったものではないが、沖縄伝統空手の行く末を憂《うれ》える上地流長老（県指定無形文化財保持者）の意見として、付記させていただきたい。

日本初の流派　剛柔流

那覇手の本流

一九三〇年、日本の空手界で最初にできた流派が剛柔流である。

剛柔流の誕生は、流祖の宮城長順（一八八八～一九五三）の一番弟子であった新里仁安《しんざとじんあん》（一九〇一～四五）が他武道にまじって東京で空手演武を披露した際、流派名を聞かれて困ったことに端を発する。新里が沖縄に戻って師匠の宮城に報告すると、宮城は自身で中国からもち帰った『武備志』にあった拳法八句の一節「法は剛柔を呑吐する」から選び取り、「剛柔流」と称したのが始まりだ。

以来、沖縄や日本本土でも、空手の世界で他の武術と同じように流派名が名乗られるようになった。それまでの空手界には首里手《しゅりて》や那覇手《なはて》といった区別はあっても、明確な流派というものは存在しなかった。

現在、沖縄空手の三大流派にも、本土の四大流派にも共通して数えられる流派は「剛柔流」だけである。

流祖・宮城長順の師匠は、東恩納寛量《ひがおんなかんりょう》（一八五三〜一九一五）で、東恩納は若いころ、十数年の間、福建省に渡り、空手修行に打ち込んだ経験をもつ。ちなみに上地流の開祖・上地完文が福建省に渡るよりも二十〜三十年ほど古い時代に当たる。

東恩納が十四歳のころ、山原船《やんばるせん》（貨物船）の船主をしていた父親が喧嘩に巻き込まれて命を落としたため、その復讐《ふくしゅう》を誓っての武術修行だったとされるが、実際に武術習得が進むにつれ、復讐心は少しずつ消えていったという。

東恩納が師事した中国人は名前をルールーコーといい、基本型となるサンチン（三戦）

晩年の東恩納寛量（『沖縄空手古武道事典』より）

をはじめ、サイファ（砕破）、セーユンチン（制引戦）、シソーチン（四向戦）、サンセール（三十六手）、セーパイ（十八手）、クルルンファ（久留頓破）、セーサン（十三手）、スーパーリンペイ（壱百零八手）などの型をもち帰ったと伝えられる。

宮城はその東恩納に十代半ばから十三年間師事し、最後の数年は付ききりで習得した。その宮城は多くの後継者を育てたことで知られる。ちなみにゲキサイ（撃砕）とテンショウ（転掌）は、宮城が自身で創作した型だ。

現在の剛柔流の系統は、大まかに三つに分かれる。主なものは、比嘉世幸《ひがせこう》（一八九八～一九六六）、八木明徳《やぎめいとく》（一九一二～二〇〇三）、宮里栄一《みやざとえいいち》（一九二二～九九）の三系統で、ほかに比嘉の弟子筋に当たる渡口政吉《とぐちせいきち》（一九一七～九八）や戦後、長順の内弟子的存在であっ

剛柔流空手を開いた宮城長順（『沖縄空手古武道事典』より）

た宮城安一《みやぎあんいち》（一九三一～二〇〇九）などの系統がある。

どの流派にもいえることだが、宮城長順一人を例にとっても、時代によって空手修行が進化して深まると、同じ人物の教えであっても型の動作が変わったりする。そのため、戦前の弟子と戦後の弟子とでは、受け継ぐ型の動作がかなり異なる。

松山公園（那覇市）内にある東恩納寛量と宮城長順の顕彰碑

もともと門中において、宮城長順の後継者は新里仁安に内定していたというが、宮城の最も信頼していた新里が、「鉄の暴風」とも形容された沖縄戦で戦死してしまった。

その宮城自身も戦後まもない一九五三年、六十五歳の若さで急逝した。そのため沖縄剛柔流は多くの系統に分かれたままとなったが、もしも新里が生きていれば、型の統一の動きも進んだのではないかとの声が残っている。

「人に打たれず人打たず」

宮城長順はあくまで沖縄に活動拠点を置き、本土に腰を据えることはなかった。それでも演武披露などで何度も本土との間を往来し、立命館大学などの空手部の創部を後支えするなどして貢献した。また大日本武徳会（本部・京都）という戦前の武道を束ねていた一大勢力の中に空手を組み入れるために尽力し、武道における空手の地位向上に多大な貢献をなした。

また、戦前からハワイに空手指導に赴《おもむ》くなど、海外普及にも先駆的に取り組んだ。

宮城は沖縄でいち早く警察学校などで空手を指導したため、比嘉世幸、新里仁安、八木明徳、宮里栄一など、主な弟子たちにはいったんは警察に奉職した者が多い。仕事をしながら空手修行と両立できる職業でもあったからだ。またそのことで、柔道、剣道よりも立ち遅れていた空手の地位向上をめざす意図もあったと思われる。

宮城の座右の銘は「人に打たれず人打たず、事なきを基とするなり」で、争いごとはできるだけ避けるべきとの考え方で一貫していた。人情味にあつく、おしゃべり好きで、稽古が終わったあとも何時間も、あるときは朝方まで弟子らと語り合うこともあったという。

宮城の二回り年長に富名腰義珍《ふなこしぎちん》（船越義珍。一八六八～一九五七）、同世代に摩文仁賢和《まぶにけんわ》（一八八九～一九五二）がいて、富名腰は東京で空手普及に、摩文仁は大阪で拡大に尽力した。それぞれ松濤館、糸東流という本土の四大流派の一角を形成したが、宮城が沖縄にいたまま、本土にも剛柔流を残したのは、やはりその空手普及の尽力の賜物《たまもの》と思われる。

海外に30万人以上の弟子をもつ東恩納盛男さんはいまも一人稽古を欠かさない

宮城長順の孫弟子たち

現在の沖縄剛柔流を引っ張るのは、流祖である宮城長順の「孫弟子」に当たる世代である。比嘉世幸、八木明徳、宮里栄一らの直弟子に当たる。

国際沖縄剛柔流空手道連盟の最高師範・東恩納盛男《ひがおんなもりお》（一九三八～）は、海外六十五カ国

に三十万人以上の弟子をもつ、沖縄剛柔流の顔ともいえる存在だ。

十五歳で空手を始め、宮里栄一、宮城安一に師事。八十歳を超えながら、いまも週に二、三回は夜の指導を見るかたわら、午前の一時間以上の一人稽古を欠かさない。すべての型をひととおり行い、その後、好きな型を繰り返すという。

道場内にはサンチンで使う握りがめやチーシーなど、剛柔流独特の稽古で使用する器具が多く並んでいる。ビルの一階にある道場内の白壁が黒ずんでいるのは、東恩納自身が毎日裏拳《うらけん》を叩き込むことでできた跡だ。

「同じ剛柔流でも、戦前に教わった人は型がだいぶ違います。鉛筆を削るのによく例えるのですが、最初は荒削りで、仕上げに近くなると小さく削る。空手も似たところがあって、初期のころの教えでは虎口（回し受け）も大きく回しましたが、戦後の長順先生は小さく、

剛柔流の鍛錬で使用する特徴的な器具（東恩納道場）

体側《たいそく》から出ないように指導されています」

戦後、宮城長順に付ききりで師事した弟子が宮城安一だった。東恩納は「長順先生は戦後に技を集大成し、安一先生に一子相伝で伝授しました」と説明する。

長順はしばしば、型を変えてはいけないとも指導したという。また型は、意識して行っているレベルではだめで、無心になるまでやれとの教えもあった。

その教えを受け、東恩納は四十代のころ、剛柔流の最高型であるスーパーリンペイを百回連続で繰り返す〝苦行〟を自身に課し、週に一回、三カ月間続けたことがあったという。

「百回やるのに六時間くらいかかります。最初はお腹《なか》がすいたとか、トイレに行きたいなど自分の弱さが見えてきます。敵は相手でなく、自分自身との戦いなのです」

そうした修行のせいか、いまも肩がうまく動かないというが、稽古に取り組む姿勢はストイックそのもの。長年の鍛錬で出来上がった東恩納の体型は、まるで樽《たる》のようにがっしりしている。その東恩納は現在、沖縄伝統空手をユネスコ無形文化遺産に登録するための運動の中核として、熱心に活動する。

八木明徳の長男で、国際明武舘剛柔流空手道連盟の二代目宗家を務める八木明達《やぎめいたつ》（一九四四〜）は、主に海外普及に半生をかけてきた。

アメリカ、グアム、サイパン、フィリピンなど主に英語圏を転々としながら、海外セミナーを二千回以上開催してきた。八木は「沖縄空手もなかなか複雑ですよ」と切り出し、沖縄空手界における競技と伝統の確執について説明を始めた。型競技で行う指定型と、沖縄の型は同じでないことを解説した。

「剛柔流でいうと、スーパーリンペイとか、我々が習ってきた沖縄本来の型と競技用の型は違います。競技ではスピードやキレばかりを重視する傾向が強く、審判が採点しやすいように本来の型を崩してしまっています。これでは沖縄空手は変質してしまいます」

明達の父・八木明徳は、一九八一年の沖縄空手界の分裂騒動の際、競技反対の立場で組織（全沖縄空手道連盟）の会長として動いた経歴をもつ。

ちなみに明達の長男、明人《あきひと》（一九七七〜）は映画に出演したこともある空手家で、現在、

八木明達さん

東京を拠点に活動する。沖縄の八木道場を支えるのは、次男の明広《あきひろ》（一九七八〜）である。加えて、沖縄伝統空手道振興会で事務局長の要職を務める池宮城政明《いけみやぎまさあき》（一九五三〜）も、八木明徳の弟子の一人だ。

強くなりたいと高校一年のとき近くにあった空手道場に入門した先がたまたま八木道場だった。高校・大学と空手に打ち込み、二十代半ばで一年近く、ブラジルで現地指導した経験もある。帰国後、二十七歳で念願の常設道場をもった。現在の沖縄市にある自宅三階の板張りの道場（三十坪）は、四回目の道場という。

「巻き藁を三十年以上突き続けて、あるときふっと気づくこともあります。沖縄空手は生涯空手。僕らは〝空手職人〟という感覚です。チンクチ（筋肉と関節を引き締める動作）やムチミ（体のしなり）は日々鍛錬しないと出せるものではありません」

常設道場といっても、本土の感覚とはかなり異なる。沖縄では空手を教えるだけで生活している人はごくまれで、仕事をもちながら、あまった時間で空手を教えるケースがほとんどだ。池宮城も福祉関係の仕事を長年行っているという。

沖縄空手道拳法会会長の久場良男《くばよしお》（一九四六〜）は、比嘉世幸系の渡口政吉に長年師事してきた。渡口は短いながらも宮城長順に直接教わった時期があるため、他の比嘉世幸系の道場とはやや異なる部分もあるという。

渡口の本土の道場は多くが全日本空手道連盟に所属していたこともあり、分裂騒ぎのときは、競技容認のほうに加わった。若いころは、組手競技に力を入れ、沖縄の町道場の中ではその実力で光る存在だったという。

「私は若いときの競技は一切否定してはいけないという立場です。ただ最終的には、伝統的な動きをしている人が残れるんじゃないか。そのほうが護身にもつながります。競技の組手ばかりをやっていると、いざ実戦となったときに、相手を怪我させせないで制圧するのが難しく、反射的に手や足が出て、相手を怪我させてしまう危険性があります」

三十歳を超したら、自由組手主体の稽古では技は身につかないと力説する。

「求められるのは相手の突き、蹴りを封じることですが、型を少しアレンジした

久場良男さん

稽古をすることで、相手を楽に制することができるようになります」

久場は多くの技術指南のＤＶＤでも名を知られる。

話は変わるが、極真空手を創設した大山倍達《おおやまますたつ》は、松濤館と剛柔流を稽古したため、現在の極真にはサンチン、サイファ、セイエンチンなど剛柔流の型が多く残っている。沖縄剛柔流の達人たちからは、「極真の型は剛柔流の初歩的な使い方」「体の使い方が我々とは異なっている」など多くの指摘を耳にした。

宮里栄一の門下

宮城長順が一九五三年に急逝したとき、後を継承したのは三十四歳年下で警察官の宮里栄一だった。宮里は若い時分から柔道に打ち込み、空手と二足の草鞋《わらじ》をはいていた。

柔道の講道館に習い、順道館という当時としては立派な平屋建ての道場（その後鉄筋二階建て）をつくり、後進の育成に励んだ。沖縄剛柔流の顔ともいえる東恩納盛男もこの道場の出身である。

宮里は順道館を本部道場とし、一九六九年、沖縄剛柔流空手道協会の組織をつくって初代会長に就任した。

宮里が残した功績として特筆されるのは、八一年の国体問題のときに、全空連加盟を推進する立場で中心的に尽力したことだろう。長嶺将真《ながみねしょうしん》（松林流《しょうりんりゅう》、一九〇七～九七）、宮平勝哉《みやひらかつや》（小林流、一九一八～二〇一〇）を支えて県空連の創設に邁進《まいしん》。その背景には、六年後の八七年には沖縄で国体を行うのに、「発祥の地」である沖縄から空手に参加しない選択肢はありえないとの思いがあった。

柔道を通じて国体をとらえていた点で、空手だけを行っていた空手家とは違う立ち位置にあったと思われる。

当時の宮里の方針を、長男で二代目館長の宮里善博《みやざとよしひろ》（一九五一～）は「当時としては間違っていなかった」、同じ宮里の弟子・

順道館の宮里善博館長（中央）と儀間哲さん（左）、金城常雄さん

儀間哲《ぎまてつ》（一九五四〜）も「先生は沖縄で行う国体を成功させないといけない。でも右倣えはするなとも言われていました」と振り返る。

沖縄空手界を真っ二つに分裂させた八一年の国体問題。沖縄海邦国体は八七年に予定されたが、成年男子型部門では異変が起きていた。

八四年にオランダで開かれた世界選手権で初優勝した佐久本嗣男《さくもとつぐお》（一九四七〜、劉衛流《りゅうえい》道統五世）が八六年のオーストラリア大会でも二連覇を成し遂げていた。佐久本は沖縄の県立高校の教員で、もとは日本体育大学の学生時代、剛柔流の代々木道場で修行し、卒業後、沖縄に戻って高校生に空手を指導していた。その佐久本が生徒の模範になろうと試合に出場、瞬く間に世界の栄冠を手にしていた。

一方、宮里にも誇るべき愛弟子がいた。警察官として空手修行に打ち込んでいた喜久川《きくがわ》政成《まさなり》（一九四六〜）。朴訥《ぼくとつ》とした人柄で、稽古の虫。警察官の激務のかたわら、朝五時前には道場に来て一時間半の朝稽古をこなしていた。

世界連覇を果たしていた佐久本と、喜久川。どちらが県代表に選ばれるかが注目されたが、沖縄国体の県代表を選考する県大会・九州大会では喜久川が優勝。喜久川自身、世間的なプレッシャーは相当なものだったと振り返る。

「宮里先生から沖縄の空手を国体の場で見せてくれ。道場で稽古しているままの型を演じてくれと頼まれ、『先生がそこまでおっしゃるのなら』と私も決意できたのです」

一般の道場生なら一週間で音《ね》をあげるという連日の朝稽古に、師匠の宮里もかたわらで付き添いアドバイスを行った。フタを開けてみると、沖縄の威信をかけた型部門で喜久川は優勝。そのプレッシャーから、喜びというより重圧から解放された安堵感のほうが大きかったと語る。

喜久川は県大会で六連覇。沖縄では佐久本の優勝を阻み続けた。佐久本本人が認めるとおり、世界よりも沖縄のカベのほうが厚かったという悔しい思いが弟子の育成に向けられ、いまでは劉衛流選手の世界的な活躍につながっている。

その喜久川が副会長の任に就く沖縄剛柔流空手道協会で会長を務めるのは、照屋幸栄《てるやこうえい》

喜久川政成さん

（一九四一〜）だ。

照屋は「われわれは競技空手もやるが、道場ではいままでどおり伝統空手を行っています」と強調する。剛柔流の型の場合、他のしょうりん系流派と異なり、指定型（試合用の型）と沖縄本来の型との違いがそれほど大きくないと理由を語る。

「全空連の四つの流派（松濤館、糸東流、和道流、剛柔流）のうち、沖縄とつながりがあるのは剛柔流だけです」

宮里の残した功績の一つを、同協会の高良正剛《たからせいごう》理事長（一九五三〜）はそう説明した。

ちなみに宮里栄一の逝去後、沖縄剛柔流空手道協会の第二代伊波康進《いはこうしん》会長（一九二五〜二〇一二）の時代に、順道館はさまざまな事情から競技と距離をおき、県空連組織から離れた。

競技と伝統——。四十年前に沖縄空手

照屋幸栄さん

界を席捲《せっけん》した問題は、いまもその影響を残している。

しょうりん流1 首里地域の伝統武術「首里手」

首里士族の武術として受け継がれる

首里城裏手の小高い丘の上にある崎山《さきやま》公園。那覇市から港にかけて一望できるこの公園の一角に二〇一八年七月、首里手の先駆者たちの名前をしたためた顕彰碑が設置された。表には「空手古武術首里手発祥の地」と金彫りされ、十人の空手家の名前が刻まれている。生まれの早い順に並べると次のようになる。

①佐久川寛賀《さくがわかんが》（一七八六〜一八六七）
②松村宗昆《まつむらそうこん》（一八〇九〜九九）
③多和田真睦《たわだしんぼく》（一八一四〜八四）

④安里安恒《あさとあんこう》（一八二八〜一九一四）
⑤糸洲安恒《いとすあんこう》（一八三一〜一九一五）
⑥屋部憲通《やべけんつう》（一八六六〜一九三七）
⑦船越義珍（一八六八〜一九五七）
※松濤館創設者
⑧花城長茂《はなしろちょうも》（一八六九〜一九四五）
⑨喜屋武朝徳《きゃんちょうとく》（一八七〇〜一九四五）
※少林流・少林寺流の流祖
⑩知花朝信《ちばなちょうしん》（一八八五〜一九六九）
※小林流開祖

いずれも首里手というよりは、空手の歴史そのものを象徴するような武人ばかりだ。

糸洲安恒は空手を沖縄の教育に取り入れた功労者として知られ、船越義珍は沖

崎山公園内に設置された「首里手発祥の地」の顕彰碑

縄空手を初めて本土の東京で普及させ、全国、世界へと広がる土台を築いた人物としてすでに紹介した。

また屋部憲通と花城長茂は糸洲の師範代として、学校教育への普及に尽力したことで知られる。

糸洲安恒の師匠に当たるのが松村宗昆で、多くの弟子を育成したことなどから、松村は「首里手の始祖」とみなされることが多い。

その松村の上の世代が佐久川寛賀だ。佐久川は「唐手（トゥーディー）佐久川」の異名をもつとされる当代きっての達人であり、文献上、最初に「唐手」が出てくるのはこの人物をもって嚆矢《こうし》とする。

松村家の墓に併設されている宗昆に関する碑文

佐久川と松村は、いずれも琉球王府に仕える首里士族の一員であり、上記の功労者はすべて、首里城近辺で生まれ育ったという共通項をもっている。

繰り返すが、空手の流派は大きく首里手と那覇手に二分される。文献上、首里手は沖縄において少なくとも二百年以上の歴史をたどれるもので、実際はそれ以前にも多くの武人の系譜が存在したはずだ。沖縄伝統空手の中では、最も長い伝統をもつのが首里手といえる。

首里手は沖縄においては、しょうりん流（小林流、少林・少林寺流、松林流など）として継承されている。

世界最多の愛好者をもつ首里手

冒頭の顕彰碑の裏側には「唐手佐久川生誕二三二年」の文字が記載されている。さらに、「御茶屋御殿《ウチャヤウドゥン》」「首里崎山町四丁目六〇番地」「琉球国王の武術鑑賞と稽古場とした所。武芸百般の催しと迎賓館」などの文字が見られ、当時の建物のデッサンが描かれている。

首里城の裏側に位置するこの地は、武芸を磨いた伝統的な場所という意味合いがあるのだろう。

さらに「泡盛《あわもり》酒造所のある首里三箇村は、麹《こうじ》の香り漂《ただよ》う静かな町。多く武人たちがここに集《つど》い武術の稽古をし、後世に名を残した武術家が生まれた」との説明書きもなされている。

「首里三箇村」とは、首里城の南と東に位置する現在の首里鳥堀町、首里赤田町、首里崎山町のことで、歴史上、この地域から多くの武人を輩出した。

大部の『沖縄空手道の歴史』（新垣清著、二〇一一年、原書房）も、「松村宗昆、糸洲安恒、船越義珍の三名が歴史上に登場しなければ、空手が現代まで存在していたのかどうかの疑問がわく」と指摘している。

西暦一九〇〇年をすぎて、沖縄で空手が初めて学校教育に取り入れられたとき、当然ながら、子どもたちに首里手を教えるのか、那覇手を教えるのかの議論がなされた。当時の那覇手の武人としては東恩納寛量がいたが、東恩納はサンチンを開手（貫手《ぬきて》）で行っており、子どもに教えるには危険すぎるなどとみなされ、首里手が採用されたようだ。

糸洲安恒が首里手の代表型であるクーサンクー、パッサイなどから動作を抜き出して教育用の型として平安《ピンアン》初段から五段までの五つの型を創作したことは有名である。

いま世界の愛好家の中で最も多く鍛錬されているのが、この首里手系統の空手だ。

文献上はいつごろからか定かでないが、中国（特に福建省）から幾波にもわたって中国武術が伝来し、沖縄化されて独自の護身術が形成されたとはよくいわれることである。また日本文化との交流も早くからなされていた。

琉球は古来、日本や中国と良好な外交関係を保ち、文化的に密接な結びつきをもってきた。琉球政府の担い手である首里士族は、中国の公式な立場の武術家とも定期的に交流する機会があったようだ。

その結果、沖縄に伝わる古流の空手型の名称は、多くが福建語由来の中国語であり、沖縄土着のものとみられる名称はほぼ存在しない。その点は、一方で空手の「両輪」として発達した棒やサイなどの古武道の型が、琉球土着の人名、屋号、地域・部落名を多く型名として残している事実とは対照的である。

もともと自己を護るための術として発達した沖縄空手と比べ、素手だけでは自身を護り切れず、身近な道具を使って護る術を身につけようとしたなごりが古武道といえる。

現代に伝わる沖縄しょうりん流

松村宗昆から糸洲安恒へと伝わった首里手の歴史は、その後、主に知花朝信と喜屋武朝徳によって現代に伝えられることになった。

知花は自らの手で小林流を創設し、その弟子たちが現在の小林流の各派をつくっている。

喜屋武朝徳は自ら流派名を名乗ることはなかったが、その弟子たちが少林流・少林寺流を開き、現在に至る。また松林流も、喜屋武に一時期師事した長嶺将真が創設した、沖縄空手においては比較的新しい流派である。

いずれも「小林」「少林」「松林」と文字は異なるものの、すべて「しょうりん」と読ませるところに特徴がある。

通常は紛らわしいため、「こばやししょうりん流」や「少ないしょうりん流」「まつばやし流」などと呼ぶことが多い。

首里手は「知花朝信」(写真右)と「喜屋武朝徳」(写真左)の系譜に受け継がれた(「空手会館」の入り口に設置されたパネル)

しょうりん流２

知花朝信の開いた小林流

糸洲安恒の空手を引き継ぐ

「拳聖」と謳《うた》われた松村宗昆や糸洲安恒の流れに位置する知花朝信が、一九三三年に命名して開いたのが小林流である。この流派は、首里手の〝本流〟といってよい。

知花は剛柔流の宮城長順や本土で糸東流を開いた摩文仁賢和と同世代に当たり、いずれも東京で空手普及に当たった船越義珍より二回りほど下の世代となる。

摩文仁は大阪に出て空手普及に当たったが、最初は知花朝信に大阪赴任の要請があったものの、仕事の都合で叶《かな》わなかったとのエピソードも残されている。

知花の師匠は、沖縄空手を学校普及に開いた糸洲安恒で、十五歳から二十九歳まで糸洲の直接指導を受けた。糸洲は首里手の妙手と見られることが多いが、実際は首里手四割、那覇手六割の武人であり、その結果、首里手も一〇〇％の首里手というわけではない。もともと「空手に流派はなかった」との糸洲の言葉には、そうした意味合いも含まれていたと思われる。

　知花は一九一八年、三十三歳で道場を開いて指導を始めた。小林流の特徴は、巻き藁での鍛錬を重視し、さらにアテファ（強い突きの威力）を重んじる。知花自身が戦後まもない一九四八年に結成し初代会長を務めた「沖縄小林流空手道協会」の、四代目会長を務める宮城《みやぎ》驍《たけし》（一九三五〜）は小林流空手の特徴についてこう語る。

「知花先生の教えは、手足を伸ばしてのびのびとやりなさいというもので、自然の動きを強調されていました。美しい形にこそ力がこもるとの意味がありまして、瞬発力を重視するのも小林流の特徴と思います」

小林流を開いた知花朝信（『沖縄小林流空手道協会誌』より）

知花は一九五六年に結成された戦後の沖縄空手界の最初の団体である「沖縄空手道連盟」の初代会長に就任し三年の任期を務めたほか、六九年に亡くなるまで「沖縄小林流空手道協会」の会長として小林流の総師的立場にいた。

知花が五十年におよぶ空手指導の中で残した弟子は数えきれないが、現在の主な流派組織につながる直弟子を挙げると、比嘉《ひが》佑直《ゆうちょく》（一九一〇～九四）、宮平勝哉、仲里《なかざと》周《しゅう》五郎《ごろう》（一九二〇～二〇一六）、上間《うえま》上輝《じょうき》（一九二〇～二〇一一）などがいる。現在の「究道館」「志道館」「小林舘」「守武館」にそれぞれつながる。

長寿者ひしめく流派

首里手全般にいえることだが、小林流には長寿の空手家が多いのも顕著な特徴の一つだ。

知花朝信、宮平勝哉、石川精徳と歴代会長の続いた「沖縄小林流空手道協会」で４代目会長を務める宮城驍さん

指導的立場の武人の享年を列記すると、松村宗昆九十歳、糸洲安恒八十三歳、知花朝信八十三歳、比嘉佑直八十三歳、宮平勝哉九十二歳、仲里周五郎九十六歳、上間上輝九十一歳と、不思議なほどに相当な長寿者で占められる。

その理由として、小林流の稽古では自然な呼吸法を特徴とし、無理に力むことがないためと考えている人も多いようだ。

小林流の開祖の知花朝信と本土で松濤館を開いた船越義珍の師匠である糸洲と安里は、沖縄空手において同系列として重なるが、現在に残るそれぞれの内容は「全然違います」と語るのは小林流協会の宮城驍会長だ。

船越は東京に出て各大学を拠点に指導を行ったため、大学四年間で教え込むという時間的な制約を課せられることになった。本来、沖縄空手はゆうに二十年や三十年かけてじっくりと教え込む内容だ。勢い、促成栽培のような側面が生じ、血気にはやる若者たちは沖縄空手伝統の「型の反復」といった稽古法に耐えきれず、安易な組手や競技志向に走ることになった。そのため、松濤館では沖縄伝統の型が崩れ、変質していった側面があるとされる。

よくいわれることだが、本土に輸出された首里手の型の名称が、ピンアンから「平安《ヘイアン》」に、ナイハンチが「鉄騎《てっき》」、チントウが「岩鶴《いわつる》」、クーサンクーが「観空《かんくう》」というように日本式に改名されたほか、平安《ピンアン》初段と二段の内容が故意に入れ替えられるなど、沖縄本来の空手とは違う様式へと変化した。一時期、船越義珍の弟子となった大山倍達が起こした極真空手でも、松濤館流の型を踏襲しており、沖縄本来のオリジナルの型とはかなり異なるものとなっている。

多くの弟子を残した比嘉佑直

戦後の沖縄空手界の四天王といわれたうちの一角が、比嘉佑直の小林流の系統だ。比嘉は、もともと高校時代は野球の選手だったが、空手鍛錬も同時に行っており、当初は剛柔流に励んでいた。戦後、知花に弟子入りした経緯がある。現在、「究道館」の二代目館長を務めるのは、おいの比嘉《ひが》稔《みのる》館長（一九四一〜）で、長男佑直の弟（三男）の子に当たる。もともと柔道に打ち込み、四段の腕前をもつ稔は、十八歳からおじの道場への入門を許可され、空手を始めた。「ふだんは優しかったが、稽古には非常に厳しかった。巻き藁突きがわれわれの真似《まね》のできないくらいに強かった」と回想する。

佑直も多くの弟子を残したことで知られ、「道場の外で技を試してこい」としばしば口にし、無頼なタイプの弟子も多く集まったようだ。稔によると、「一番大切なのはティージクン（拳の破壊力）」が口癖だった。

比嘉佑直は那覇市議会議員として八期二十七年を務め、議長の要職にも五年間就いた。戦後になって那覇市の大綱挽《おおつなひき》を復活させたのも佑直の功績で、稔もその流れを引き継ぐ。

ちなみに、沖縄の空手四団体を統合して「沖縄伝統空手道振興会」（二〇〇八年）を結成する強力な後支えをしたのは、佑直の弟子の一人で、経済界で活躍していた金秀《かねひで》グループ創業者の呉屋秀《ごやひで》信《のぶ》（一九二八〜二〇一七）だった。呉屋の尽力で、県知事をトップに据えた沖縄空手の統一組織ができたと評価する人は多い。

2018年に山川公民館に設置された知花朝信を顕彰する記念碑（那覇市）

知花の直弟子の流れ

一九六九年、知花朝信が他界したあと、沖縄小林流空手道協会の二代目会長に宮平勝哉が就任した。戦前からの古い弟子で、満州（現・中国東北部）の日本語学校で教員を務めたあと、戦後は那覇市役所に勤務した。

二十歳で宮平の弟子となった宮城驍（現会長）は、宮平のことを「がっちりした体格で、柔道の有段者、沖縄相撲も強かった。人格者だった」と振り返る。

知花はたびたび宮平道場を訪れ、世間話をしていたが、そうした光景を目にしていた宮城は、「知花先生は非常に小柄な体格で、いつもニコニコと穏やかに話をされていました。好好爺《こうこうや》といった感じで、とても空手の大家には見えなかった」と当時の印象を説明する。

知花の身長は百六十センチもなかったと思われ、その点では、同じ首里手の喜屋武朝徳とも似通っている。

「宮平先生や比嘉佑直先生は、空手家の中では大柄なほうです」

沖縄空手はもともと、力の弱い小さな人間が自分を護るために行った護身術のなごりが強い。

戦後、知花の内弟子として、亡くなるまでの二十三年間を支えた弟子が仲里周五郎だ。仲里も多くの弟子を育てた。アメリカで活躍した横山和正《よこやまかずまさ》（一九五八～二〇一八）もその一人で、横山は多くの著書やビデオなどを残した。

さらに、沖縄小林流空手道協会の副理事長を務める「昭武館」の大城《おおしろ》功《いさお》館長（一九四三〜）も若いころ、仲里道場に通った。「百九十センチ近い大柄な海兵隊と沖縄の人が組手をしている稽古を見て入門しました」と語る大城は、小林流の伝統どおり、巻き藁稽古を重視し、一撃必殺のアテファにこだわる。

「拳は実は合わせるだけの場所。突きは全身を使って突く。力を抜く技術、体の伸び差しは、巻き藁が教えてくれた。沖縄にはもともと手（ティー）というものがあって、やがて大陸から『型』が入ってきて、ティーを訓練するための手段として型を行うようになった。私たちはそこを基準にやっています。ごくシンプルな教えです。体の使い方、こなし方が

アテファ重視の稽古を重ねる「昭武館」の稽古風景。右から３人目が館長の大城功さん（読谷村）

一番大事で、型は体の使い方を確認するためのもの、巻き藁は自分を量《はか》る道具にすぎません」

道場の正面には流祖である知花朝信の写真が掲げられ、巻き藁が四本設置されている。大城道場の稽古を見学すると、型稽古のときに「壁をちゃんとつくって！」「前の壁、ちゃんとつくって！」「呼吸をつぶす（止める）ように」など、独特の用語で指導が行われていた。

沖縄小林流協会の第三代会長を務めたのは石川精徳《いしかわせいとく》（一九二五〜二〇一三）だ。その石川に師事したのが、首里手のメッカ、首里鳥堀町で「守武館」を掲げる上間康弘《うえまやすひろ》館長（一九四五〜）である。現在、息子の上間建《うえまたけし》副館長（一九七五〜）とともに道場を支える。

「石川先生は、戦前・戦後の沖縄の空手界を知り尽くした人でした」

そう語る康弘は、知花朝信に直接師事した父・上間上輝のほか、石川精徳、島袋太郎《しまぶくろたろう》（一九〇六〜八〇）、知名定吉《ちなていきち》（一九二四〜二〇〇七）、名嘉真朝増《なかまちょうぞう》（一八九九〜一九八二）など、五人に師事した。

「型を見れば、小林流のどの道場の流れか全部わかります」と語るとおり、同じ小林流でも組織の違いによって型のクセが微妙に異なるという。

「知花先生も、初期の教えと後期の教えは違うみたい」とも語る。

知花自身、五十年におよぶ指導歴があり、初期に習った人の型と、終盤期に習った人の型が異なるというのは、他の流派などでもしばしば聞かれる現象である。

八一年問題の影響

話は変わるが、空手競技が国体の正式種目となった八一年、全日本空手道連盟に加盟するかどうかの問題が、沖縄空手界に大きな論争を巻き起こした。

現在、沖縄小林流空手道協会は、協会として沖縄県空手道連盟に加盟し、伝統空手と競技空手の両方を行える態勢をつくっている。そのため「志道館」「守武館」「昭武館」は、いずれも県空連に属している。

一方、比嘉佑直の系列である「究道館」は沖縄空手・古武道連盟に所属。もともと比嘉は長嶺将真と行動を共にし、当初は全空連加盟を後押しする側に回っていたが、実際に弟子たちを競技に参加させると、指定型でないなどの理由で失格にさせられるなどしたことから、自ら別団体をつくり、現在、そちらに所属している。

また、仲里周五郎の率いた「小林舘」は沖縄県空手道連合会に所属するなど、同じ流派でも、それぞれが沖縄空手四団体に分散している。この点は他の上地流などの流派でも、流派としてのまとまりを考える上で懸案となっている事柄だ。

「守武館」では、初代の上間上輝が伝統的な様式の世代であり、競技には無縁だった。一方、孫の建は、競技空手でも多くの戦歴をもち、その中間世代に当たる館長の康弘は、両者の橋渡しのような立場になったとして、次のように語る。

「上輝先生は町道場での練習だけで、競技に関してはノータッチでした。息子が高校、大学と部活に入って、試合の応援に行こうといっても最初は行かなかったですよ。高校最後のインターハイのときに孫を応援しに行こうと無理やり連れ出して、表情には出さなかったですが、少しずつ興味をもちまして、孫が組手の試合で優勝したときに自分一人で祝杯をあげたり、そういうおやじでした。遺品の整理をしたとき、孫の試合結果の新聞の切り抜きがたくさん出てきましたよ」

安室奈美恵も打ち込んだ沖縄空手

二〇一八年九月、長年の歌手生活にピリオドを打った沖縄出身の安室奈美恵が、中学生のころレッスンの一環として沖縄空手の稽古に励んだことは、本土ではあまりなじみがないが、地元の沖縄県ではよく知られている話だ。

面倒を見たのは小林流空手の看板を掲げる「妙武舘」の松《まつ》田《だ》芳正《よしまさ》舘長（一九三九〜）。安室は中学一年のとき、朝七時から毎日道場に通ってきたという。中学時代、三人一組で演武する型試合に出場し、県で三位に入賞したこともあったと振り返る。二、三年ほど空手の稽古をして、黒帯にもなっていた。

松田は喜屋武朝徳系の師匠から空手を習ったほか、小林流の仲里周五郎道場にも八年ほど通った。小林流の特徴は「防御と攻撃と転身にある」とも。「相手に怪我をさせたらまだまだ。殺人拳でなく、活人拳であれ」などのモットーをもつ。

松田はもともとの沖縄空手は投げ技や関節技を含み、現在でいうところの総合格闘技に近かったと振り返る。

三線専門店を営む「妙武舘」舘長の松田芳正さん（那覇市）

しょうりん流3 喜屋武朝徳の系譜 少林流・少林寺流

知花系統と並ぶ首里手の流れ

少林流と少林寺流はいずれも松村宗昆に師事した喜屋武朝徳の系譜を組む流派で、「少」ない林と書く。

首里手の流れながら、同じ松村の弟子であった糸洲安恒から知花朝信に続く「小林流」と、かなり色合いを異《こと》にする。パッサイやクーサンクーなど同じ型名称であっても、演武線などがかなり異なるためだ。

もともと喜屋武の同世代には、後世に名を残した空手家が多い。まず、首里手の糸洲安恒・安里安恒の弟子として東京で空手普及に努め、本土の松濤館流の開祖となった富名腰義珍（船越義珍）。さらにケンカ空手の名手として伝説の空手家のようになっている本部《もとぶ》朝基《ちょうき》（一八七〇〜一九四四）は、喜屋武の幼いころからの遊び仲間とされる。糸洲安恒の師範代として活躍した屋部憲通や花城長茂も、喜屋武と同世代といえる武人である。

　喜屋武はもともと琉球王に仕える由緒ある家柄の三男として生まれたが、明治維新とその後の琉球処分の時代に巡りあわせ、家の没落とともに青年期を歩んだ。幼少のころ、体が弱く、百五十センチに満たない小柄な体格のハンディ

昭和戦前期の沖縄空手の指導者たち。前列左端が喜屋武朝徳（1937 年。『沖縄空手古武道事典』より）

から空手に打ち込んだとされる。

父親の喜屋武朝扶《きゃんちょうふ》（一八四三〜没年不明）や首里手の達人である松村宗昆のほか、松茂《まつも》良興作《らこうさく》（一八二九〜九八）や親泊興寛《おやどまりこうかん》（一八二七〜一九〇五）などの泊手《とまりて》の達人からも型を習得し、系統は首里手と泊手にまたがる。

喜屋武は「チャンミーグァー」（小さな目のおじさん）の愛称で知られ、嘉手納《かでな》地域など沖縄本島の中部で空手普及に励み、県立農林学校や嘉手納警察署で教えた。少林流が中部で広がったのはそのなごりと見られる。

主要な弟子には、中部地域で少林流を広めた島袋善良《しまぶくろぜんりょう》（一九〇九〜六九）や、農林学校時代の晩年の弟子として少林寺流を開いた仲里常延《なかざとじょうえん》（一九二二〜二〇一〇）などが知られる。ちなみに仲里が開いた少林寺流では、喜屋武の教えとして九つの型を伝承している。

アーナンクー、セーサン、ナイハンチ、ワンシュウ、パッサイ、五十四歩、チントウ、クーサンクーの八つの空手の型と、「徳嶺《とくみね》の棍《こん》」という棒の型である。

糸洲—知花系の「小林流」と異なり、松村—喜屋武の「少林・少林寺流」では、糸洲が創案したとされる平安《ピンアン》（初段〜五段）の型は通例は行わない（中には道場主の意向で行うところもある）。また、小林流ではナイハンチは初段から三段の三つを継承するのに対し、喜屋武系では初段のみを継承するのも特徴だ。

さらに知花系では、ナイハンチ初段を基本鍛錬型として最も重視するのに比べ、喜屋武系では、多彩な技を含む「セーサン」を重要視するのも特徴の一つだ。この場合のセーサ

ゆかりの地に設置されている喜屋武朝徳の顕彰碑（嘉手納町中央公民館）

ンは松村宗昆から継承された首里手のセーサンであり、那覇手の剛柔流などで行っているセーサンとは色合いを異にする。

加えて、「徳嶺の棍」は、平信賢《たいらしんけん》系や又吉《またよし》系などの一般的な古武道では型としては使われておらず、この流派が独自で継承する型である。

喜屋武系の特徴として、型の無修正主義を貫いている点も知られている。

俊敏性を特徴とする

喜屋武の直弟子であった島袋善良を父にもつ国際沖縄少林流聖武館空

聖武館の道場で指導する少林流の島袋善保さん（沖縄市）

手道協会の島袋《しまぶくろ》善保《ぜんぽう》会長（一九四三〜）は、少林流の特徴を次のように語る。

「機動性のある動きで、俊敏性を特徴とします。また、受け即攻撃という考えがあり、強い受けを用いて相手をひるませ、相手の攻撃を止めてしまう技法は、競技空手とは異なる沖縄伝統空手そのものの技法です」

聖武館では、善保の父の善良が小林流の名嘉真朝増と親しく、小林流の流れも入っているため、ナイハンチや平安《ピンアン》も行っているという。善保は、沖縄空手四団体の一つ、沖縄空手道連合会の前会長も務めていた。

一方、仲里常延の高弟であった少林寺流洗心館の佐久川《さくがわ》政信《まさのぶ》館長（一九四九〜）は、十六歳で仲里に師事し、現在、全沖縄空手道連盟会長の要職にある。

佐敷町役場で助役を務めた佐久川は、九一年に道場を開設。仲里から「本物の弟子を三人つくれば、流派

洗心館の道場は地域行事のためにも開放されていると語る少林寺流の佐久川政信さん（南城市）

は発展していく」と言われて後押しされたと振り返る。喜屋武朝徳や仲里常延が一切無報酬で空手を教えたのは、時代といえばそれまでだが、佐久川も青少年に対してはいまも同様の姿勢を貫いているという。

「伝統空手はすべて受けから始まる平和の武術。平和だからこそ空手はできます。競技空手と伝統空手は車の両輪として、共存共栄していくべきと考えます」

喜屋武系統の流派として、ほかに一心流がある。

喜屋武朝徳は本部朝基と同じく、現代においてはすでに伝説的な空手家に数えられる一人だ。

沖縄空手を自ら実践する作家の今野敏《こんのびん》（一九五五〜）が地元紙『琉球新報』に連載し二〇一三年に刊行した『チャンミーグヮー』（集英社）は、そんな喜屋武の生涯を小説化した作品だ。

しょうりん流4　首里・泊手としての松林流

戦後の沖縄空手界を牽引した長嶺将真

松林《しょうりん》流は戦後の沖縄空手界を牽引《けんいん》した中心人物の一人、長嶺将真が開いた流派である。

長嶺は那覇商業学校時代に胃腸病を患《わずら》い、一年ほど病床に臥《ふ》せったが、友人の勧めで空手を始めるとめきめき健康を回復し、そのまま空手に打ち込む人生となった。

沖縄の武人には、幼少期に体が頑健でなかったため、空手によって丈夫になった逸話が多く残されている。糸

得意技の北谷屋良のクーサンクーを演武する長嶺将真

洲安恒、船越義珍、喜屋武朝徳、知花朝信など、いずれも同様の体験が伝えられる。

長嶺の師事した空手家は主に三人。病み上がりの時期に師事した新垣安吉《あらかきあんきち》（一八九九〜一九二九）、警察官となり初任地の嘉手納署時代に師事した喜屋武朝徳、東京勤務時代に教えを受けた本部朝基の三人である。

新垣安吉は知花朝信や喜屋武朝徳に師事したほか、喜屋武は松村宗昆、本部は松茂良興作にそれぞれ師事したことで知られる。そのため長嶺は、喜屋武朝徳と本部朝基のそれぞれの師匠の頭文字が「松」であることに着目し、松林流と命名した。

系統としては純粋な首里手というより、首里手と泊手を折衷《せっちゅう》した系統に属し、その意味で少林流と似ている面がある。

長嶺とは異なる流派ながら、戦前は剛柔流創始者の宮城長順に可愛《かわい》がられ、宮城の推薦で大日本武徳会（戦前に存在した武道の総本山の団体、京都に本部があった）から空手術練士の称号を得たほか、一九四一年には普及型Iという基本入門型を創案し、この型はいまも沖縄空手界で受け継がれている。

戦後、焼け野原となった沖縄で、いち早く大規模な道場を開いたことで知られる。一九五三年、四十代半ばで安定した警察署長の職を辞し、那覇市久茂地《くもじ》に百畳の本格的な道場を建設、空手普及に力を入れた。

一九五六年、戦後の沖縄空手界を初めて統合した「沖縄空手道連盟」が長嶺道場での話し合いのもとで結成され、知花朝信が初代会長に就くと、長嶺は副会長となってそれを支えた。

一九六一年には長嶺自身が連盟会長に就任し、その後八年の長きにわたり会長職を務めた。そうした長嶺の行動もあってか、沖縄空手界では小林流、松林流、剛柔流、上地流で四大流派と呼ぶことが多い。

「松林流の特徴はしなやかな腰使い」にあると語るのは世界松林流空手道連盟の平良慶孝《たいらよしたか》会長(一九四三〜)だ。また、ひじや手首の使い方が柔らかいことも松林流の特徴とされる。

長嶺が一九五四年に那覇市内で道場を開いた際、「当時の沖縄で一番大きな空手道場

松林流で重視する猫足立ちを確認する子どもたち(那覇市・真喜志道場)

だった」（平良会長）という。ブルース・リーの映画が全盛となった時代は、広い道場に入りきれないくらい人が集まるほどの空手ブームとなり、道場内からはみ出て外で稽古をする人もいたらしい。

競技空手の道を開く

長嶺将真の残した別の功績として、空手に関する重要な著作を残したことが挙げられる。一九七五年に『史実と伝統を守る　沖縄の空手道』（新人物往来社）を発刊、本土で興隆する競技空手と沖縄空手との違いを鮮明にしたほか、一九七九年には『沖縄タイムス』紙に「沖縄の空手武人伝」全四十八回を連載。自ら調査・収集した資料をもとに、真壁朝顕《まかべちょうけん》、佐久川寛賀、松村宗昆、松茂良興作、糸洲安恒、東恩納寛量、船越義珍、喜屋武朝徳、本部朝基、新垣安吉といった沖縄空手史に残る

現在も引用されることの多い『史実と伝統を守る　沖縄の空手道』

武人十人の生涯をまとめ、『史実と口伝による沖縄の空手・角力名人伝』として世に出した。

さらに一九八一年に空手競技が国体の正式種目となった際、沖縄県として国体に参加するかどうかという問題が、競技と伝統の立場から地元を二分する大きな議論を巻き起こした。

その中にあって長嶺は、競技にあえて参加すべきとの立場を鮮明にし、自ら中心となって「沖縄県空手道連盟」を立ち上げ、笹川良一が会長を務める全日本空手道連盟に加盟して沖縄から競技空手に参入する道を開いた。

この行動について、いまも地元空手界には長嶺の行動を評価する声と真逆の声とが混在する。ただ一ついえることは、自ら泥をかぶってでも決断した長嶺の行動がなければ、沖縄県の空手家がオリンピックに参加する道も容易には開けなかったと思われることだ。

さらに競技の存在がなければ、沖縄発祥の空手が、これほどまでに世界に広がることもなかっただろうとの認識は、伝統空手の側にも共有されているのが実情だ。

松林流は本場沖縄をはじめ、海外では南北アメリカを中心に世界三十カ国に百三十道場をもつ。日本本土では関西に拠点があるものの、東京ではほぼ目にすることのない流派となっている。

二〇二一年、長嶺にゆかりの深い泊地域の新屋敷《しんやしき》公園内に、三代目長嶺文士郎《ぶんしろう》（一九七七〜）立ち会いのもと、没後二十年以上すぎた長嶺の顕彰碑が設置される。

泊手の達人・松茂良興作の顕彰碑。この隣に長嶺の顕彰碑が設置される（那覇市）

競技分野の実績で抜きん出る劉衛流

仲井間家に伝わった一子相伝の空手

劉衛流という空手流派は、沖縄では多くの人に知られているが、日本本土では無名に近いかもしれない。ただ空手の世界大会（形部門）に出場する喜友名諒《きゆなりょう》選手（一九九〇〜）らの姿を見れば、多くの人がテレビ映像などで見たことがあると感じるだろう。

劉衛流の起源は意外に古い。十九世紀、那覇市久米村生まれの仲井間憲里《なかいまけんり》（一八一九〜七九）が中国で六年ほど修行してもち帰った拳法を起源とし、仲井間家に一子相伝で代々継承されたとされる。系統としては那覇手に属し、棒やサイなど独自の古武道体系を併せもつ。「秘伝」として存在していたこの流派が、世界に広まることになったのは偶然の経緯からだった。

現在、同流派を継ぐ五代目の佐久本嗣男は恩納村《おんなそん》出身の空手家で、もとは陸上選手として日本体育大学で学んだ。学生時代、空手（剛柔流）との二足の草鞋の日々をすごし、卒業後、沖縄に帰郷して高校教諭となった。

最初に赴任したのは県立名護高校だった。近くにはこれといった剛柔流の道場が見当たらず、どうしたものかと思案していると、「変わった空手をしている人がいる」との話を耳にした。その人物が市内の小学校で校長を務める仲井間《なかいま》憲孝《けんこう》（一九一一～八九）だった。

訪ねて空手を教えてほしいと頼んだが、言下に断られた。それでも食い下がって懇請を続けてようやく許可が下りたのが、佐久本と劉衛流との出会いだったという。以来、二人の師弟関係は憲孝が亡くなるまでの十九年間に及んだ。

憲孝は、劉衛流開祖・仲井間憲里の孫に当たり、幼少のころから父親に劉衛流の技を厳

沖縄県主催の会合で挨拶する佐久本嗣男さん

しく仕込まれ、三十七歳で免許皆伝を許された人物とされる。自宅の庭先で、仲井間と佐久本の稽古が始まった。当時はいまと違ってわからないところを質問することもためらわれるような雰囲気で、見て覚えよという昔ながらの指導方法だった。劉衛流の特徴は、技が攻防一体である点、技の連続動作が非常に多い点にあるという。

その後、三十代半ばで佐久本が型競技の試合に自ら出ようと決めたのは、顧問を務める高校空手部の生徒たちを発奮させるため、戦う模範の姿勢を示したいとの気持ちからだったと振り返る。

「(試合に)勝てると思って出たわけではありません。もともと選手になるために空手を始めたわけでもありませんでした」

〝稽古の鬼〟と化した佐久本は、一年三百六十五日の鍛錬を怠《おこた》らず、三十五歳のとき、九州大会で優勝。その後全国大会でも優勝し、とんとん拍子で世界挑戦への切符を手に入れた。アーナンなど劉衛流の型を演じながら、世界大会七連覇の前人未到の偉業を成し遂げた。

ただ世界の頂点に上り詰めたものの、沖縄大会(予選)で優勝することは一度もなかった。沖縄では六回も悔し涙をのんでいる。その悔しさがあるからこそ、「いまもここまで熱くなって空手に打ち込める」との心境を打ち明ける。

佐久本を支える教え子たち

現在、劉衛流は沖縄県下に十二の道場をもち、青少年を中心に六百人以上が汗を流す。道場責任者の多くは、佐久本が高校教諭時代に指導した生徒たちという。

その代表格の一人に、浦添高校時代の教え子である豊見城《とみしろ》あずさ（一九七三〜）がいる。高校時代に日本一の成果を残したものの、本土の大学に進学後、空手から遠ざかった時期があった。その豊見城に、もう一度試合に出てみないかと呼びかけたのは、かつての師である佐久本だった。

沖縄に戻ってきた豊見城が稽古を再開した際、劉衛流という流派がこれほどまでに発展し、世界大会で活躍する選手を多く輩出するとは夢にも思わなかったと語る。

「当時、沖縄県庁に勤務していた佐久本先生と二人で県庁内の狭い道場で練習しました。二、三年すると、嘉手納（由絵）や清水（由佳）などの後輩ができて、先輩の佐和田香織さんも一緒に稽古するようになりました」

やがて後輩らと三人一組の団体形で世界一の実績を残す。現役引退後は支部道場を任せられ、現在、浦添市内に常設道場をもつ。いまも師匠の佐久本や、東京オリンピックでの入賞が有力視される喜友名諒ら現役選手たちと共に汗を流す日々という。

現在、流派の道場生のうち、二百人が月一回、合同稽古を行う。世界のトップクラスの現役選手が身近にいて、子どもたちも有力選手の息づかいを感じながら、自身の目標に向かって精進する〝プラスの循環〟が出来上がっているという。

佐久本は「月一回、指導者クラスと合同稽古を続けています。だからこそ、劉衛流では型が狂うということがない」と胸を張る。競技でよい成績を残すために型を見栄えがいいように改変しているなどの批判があるのを気にしてか、「型を変えたりはしない」と言い切った。

その上で、劉衛流に競技空手とのイメージが先行していることに、こう反論した。

「劉衛流はれっきとした沖縄伝統空手です。私は沖縄とゆかりのある空手はすべて伝統空

浦添市に道場をもつ世界王者の一人、豊見城あずささん（中央右・手前）

手と定義しています。私たちは伝統も競技もどちらも行っているという立場で、競技だけをやっているつもりはありません」

五輪のメダルをめざす

二〇二一年に延期された東京オリンピックでは、日本武道館を会場に、空手競技が初めて行われる。形は「個人形」のみで、三人一組で行う「団体形」の種目はない。そのため、形部門は男女各一人の選手しか日本代表として出場できないジレンマがある。その中にあって、劉衛流の喜友名諒、金城《きんじょう》新《あらた》、上村《うえむら》拓也《たくや》が切磋琢磨《せっさたくま》してきた。

世界選手権で団体形２連覇を達成した３人。左から金城新、喜友名諒、上村拓也。喜友名は個人形の３連覇も達成（2018 年２月　那覇市・泊会館）

三人は二〇一八年十一月にスペイン・マドリードで行われた世界選手権の団体形で二連覇を達成。喜友名は個人形の部で、師匠の佐久本と並ぶ世界選手権三連覇の快挙を成し遂げた。また全日本空手道選手権でも喜友名は現在敵なしの史上最長の八連覇を更新中だ。

彼らは三百六十五日、一日も休むことなく、稽古に余念のない日々をすごす。一日五時間の稽古に加え、劉衛流龍鳳会の一員（道場責任者）として、子どもたちをはじめとする門下生らにも三、四時間指導する。

そんなストイックな稽古姿勢を知る伝統空手家の中には、彼らの努力を評価する声も多い。

座波心道流　日本本土に保存された知花系空手

大阪で独自に保存された沖縄伝統空手

日本本土にユニークな知花系流派が継承されている。座《ざ》波《は》心道《しんどう》流（正式名称は心道流心道会）と呼ばれ、本部は宮崎市にある。

流祖となった座波仁吉《ざはじんきち》（一九一四〜二〇〇九）はもともと那覇市の首里鳥堀町の出身で、鳥堀町、赤田町、崎山町は首里城の城下町として、泡盛製造を認可された酒蔵が集中し、それらを盗賊などから守るために空手の源流武術が発達した地域として知られる。いわゆる首里手の本場の系譜である。

座波仁吉は幼少のころからそんな空手が当たり前の土地柄で育った。父親は首里城に勤務する役人であり、松村宗昆や糸洲安恒に師事する武人でもあった。仁吉のすぐ上の兄・座波次郎は小林流の開祖・知花朝信の直弟子として師範代のような立場にあった。仁吉は主にこの父と兄から、幼少のころから空手を教わっている。

そのため、「小学校卒業する時分から空手は完成に近かったと思います」（宇《う》

心道流を開いた座波仁吉

城憲治《しろけんじ》著『武道の原点』）と本人が述懐するほど、生活に一体のものとして空手にのめりこんだ。

仁吉に空手を教えた兄の次郎は惜しくも戦争で亡くなったため歴史に名を残していないが、生きていれば戦後の沖縄空手界の一角をなしたことは疑いようがない。世代的には長嶺将真や島袋太郎らと同世代と見られる。

仁吉は六人きょうだいの末っ子の五男坊で、二十歳のとき本土に出た。大阪で働き、戦争中は空襲を避けるために九州の宮崎県に疎開し、戦後、宮崎大学空手道部の創設に関わる。心道会本部が宮崎市にあるのはそのなごりである。

一九五五年、大阪に新しい職を得て、再び関西へ戻る。そこで終生暮らすことになった。此花区《このはな》（大阪市）にあった自宅の四畳半の板間が稽古場で、ここから創心館館長の宇城憲治（一九四九〜）も育っていった。

座波仁吉の空手指導は本土に出てからのおよそ七十年におよぶ。大阪では少数の弟子をとり、亡くなる直前まで共に稽古を続けた。かつて沖縄では、三畳程度の〝隠し部屋〟で秘《ひそ》かに稽古した時代があったというが、その方式をそのまま受け継ぐ形だった。

この自宅道場で仁吉が亡くなるまでおよそ三十五年にわたり師事した一人が、座波心道流順心館の山田順也《やまだじゅんや》館長（一九五三〜）である。

「座波先生は、空手は超接近戦の武術なので広い場所では上達しない。広いところで稽古すると技が大きくなったりするから、狭い場所で稽古するものだとよく言われていました」

順心館では週一回、大阪市内の某所で稽古を続けている。その稽古体系や空手理念を知れば知るほど、かつて沖縄で秘かに稽古されていた空手が時代を超えてそのまま保存されているとの印象を強くする。

分解組手を指導する山田順也館長

座波仁吉が残した稽古体系

心道流では突きや蹴りなどの基本稽古の体系のほか、五つの古伝型を中心に稽古を行う。順に、サンチン、ナイファンチン、パッサイ、クーサンクー、セイサン。このうちサンチンとセイサンは那覇手系の型である。

もともと空手に流派がなかった時代、型の得意な先生を訪ねてそれぞれの型を習得し、自分の手をつくるというのが空手家の現実だった。そのため座波仁吉も、首里手の知花系統の型を習得したほか、那覇手の武人からも型を習得した。流派の存在しない時代の沖縄の空手はこのようなものだったと思われる。

剛柔流開祖の宮城長順も、サンチンや転掌のほかにナイハンチ（首里手の型）を行っていた記録が存在する。ただし、心道流のサンチンは剛柔流のそれとは息づかいもまったく異なり、いわゆる首里手サンチンと呼ばれるものに近い。心道流で採用しているサンチンは、宮城長順の系統とは異なり、宮城の師匠であった東恩納寛量の系統のものとされている。

いずれにせよ、後世の修行者のために多くの型の中から五つの古伝型を選定したのは座波仁吉の独創そのものだった。座波がこれらの型に空手のエッセンスが詰まっていると考えたからにほかならない。

一般にパッサイほど多くの名前を残している型も珍しいが、心道流のそれは知花朝信伝のパッサイで、一九三八年に発刊された『空手道大観』で知花本人が記しているところでは、松村宗昆が多和田親睦に伝えたものが知花に伝えられたとされる。その意味で最も古流のパッサイともいえ、現在の沖縄小林流ではパッサイ大として継承。糸洲安恒がアレンジしたとされるパッサイ小と区別している。

また、心道流のクーサンクーも多和田真睦やその孫で座波次郎の親しい友人であった多和田真平の系統から受け継いだものと推測され、多和田のクーサンクーと称している。現在の沖縄小林流のクーサンクー小に似ている。

心道流ではサンチン、ナイファンチンを基本型（鍛錬型とはいわない）に据え、この二つの型で培《つちか》った体の使い方を用いて残り三つの応用型を稽古する。

また、心道流は空手の世界ではすたれている感の強い「投げ技」「はずし技」「捕り技」（瑞《ずい》泉拳《せんけん》と称する）が伝承されている点も特徴で、いずれも五つの型から派生したものが多い。

二〇一八年二月半ば、大阪市で順心館の稽古風景を取材する機会を得た。週一回およそ二時間のこの日の稽古に集まったのは十数人。心道流ではしょっちゅう合同稽古を行うわけではなく、日ごろは一人で型などを稽古する〝一人稽古〟が中心で、定期的に集まることによって、互いの動作をチェックしたり、対人でないと試せない稽古を行う。

五つの古伝型を指定

この日の稽古は、最初に基本型のサンチンを三回行った。師範からは「肚《はら》の圧搾《あっさく》を忘れないように」との言葉が出た。

肚の圧搾とは、呼吸によって「姿勢から出る力」を発揮できる身体の中心（＝肚）に力をとることをいう。心道流空手は、正しい姿勢から生じる骨格理法を究極的に突き詰めた空手というべきものであり、心道流のサンチンはそうした有効な体の動かし方を身につけるための原理原則が詰まった必須の型とされるものだ。

さらに流派独自の準備運動、基本稽古（天の型＝受け＋突き、地の型＝受け＋蹴り）、移動式（移動稽古）を行ったあと、対面となって天の型の分解を行った。

心道流では、五つの古伝型は鋳型《いがた》のようなもので「変えてはならない」との遺命が残されている。それぞれ自分の体格に合った技を鋳型の型の中から取り出し、「型を形にして」自分の技として身につけることが稽古の目標とされる。そのため分解組手（基本分解、

サンチンの型を稽古する心道流の門弟たち（大阪市）

応用分解）を重視するのも、心道流の特徴だ。

最後に、もう一つの基本型であるナイファンチンを三回行い、この日の稽古は終了した。稽古を締めるときに、師範が声に出した「今日の生活を反省します。本日元気でいることをご両親に感謝いたします。よそ様にご迷惑をかけないことを誓います」の三カ条は、座波仁吉が稽古の最後に必ず暗唱した文句そのままだという。

「座波先生は空手とは本来好きな者同士がグループでやっていたものだとよくおっしゃっていました。また、基本的に流派を残すという感覚は先生にはなく、心道流の五つの型を残していきなさいとの教えでした。そのため、型を伝承できる人をつくるために現在は教えています」

山田館長は、少人数で合同稽古を行う目的をそのように語る。心道流の稽古体系はかなり理詰めのものであり、なおかつ合理的な骨格操法のため、いっぺんに多人数に教えられるような性質のものではない。少人数の弟子たちに着実に浸透させていくとの意図から、宣伝して広く弟子を採るという考えはみじんもないようだ。

「座波先生は百五十二センチと小柄な体格でしたが、先生の空手の魅力はぱっと（相手の）中に入る独特の技術にありました。また、接近戦からの裏拳上げ突きが得意技で、先生の突きはまったく見えません。もらえばあごが外れる威力がありました」

九十歳の誕生日に、座波は側近の弟子たちに言い残したという。

「一発勝負なら、まだ若い者には負けない自信がある」

ほとんどの勝負は一発で決着がつくことを前提に、もつれる格闘に陥《おちい》らない限り、まだ負けることはないとの武人としての気持ちが言わせた言葉だった。

座波は「型は美しく　技は心で」「他尊自信」「戦わずに勝つ」など多くの言葉を残した。

一見すると地味な稽古方法ながら、心道流空手の本質は、まぎれもなくかつての沖縄に存在した護身術そのものであり、いまとなっては希少価値の極めて高いカラテと思われてならない。

神人武館　空手の源流・手（ティー）を求めて

神人武館《しんじんぶかん》が世の注目を集めるようになったのは一九九〇年にＮＨＫが制作した沖縄空手

の番組からかもしれない。電話帳から破った一枚の紙をつるして正拳突きでその紙を切る、か弱そうな女性がその難しい芸当を見せてから余計に注目された。この団体の創始者は翁《お》長良光《ながよしみつ》会長（一九三八〜）。中学三年生から空手を始め、武歴六十年以上。沖縄で五十年や六十年の空手歴は珍しくないが、空手に費やした時間やエネルギーは人後《じんご》に落ちない。独自の境地を開き、八八年に創設したのがこの団体である。

真っ暗闇の中で声を出さずに稽古する

神人武館には既存の空手団体やその稽古風景とまったく異なる点がいくつもある。まず最初に挙げなければならないのは、電気を消して、真っ暗闇の中で稽古を行うことだ。私が初めて稽古場を訪れて（二〇一八年四月）、最初に驚いた

電灯を消して真っ暗闇の中で稽古する

のはそのことだった。要するに視覚に頼らない。

確かに琉球時代には、文明の利器である電気など存在しなかった。月の明かりのもとで稽古し、〝掛け試し〟の攻防を行った。そのなごりか、翁長会長は自分たちの武術を空手とは言わず、ティー（手）と表現する。

「ティーは、まぎれもなく（身体操作の）科学です」

ティーは、沖縄で「唐手」という言葉ができる以前から存在した伝統武術を指す言葉とする。そのためティーの歴史は沖縄固有の歴史と密接に結びついている。十七世紀、薩摩に牛耳《ぎゅうじ》られ武器を奪われた琉球において、琉球人の徒手空拳の術として発達したとされる。

翁長会長によれば、ティーはもともと体の小さかった沖縄人が、自分は小さくて、弱い存在だが、むざむざと殺されたくない。その思いで修練した武術だったと強調する。つまり相手を殺すためでも、相手を屈服させるためでもなく、自分が殺されないための、ギリギリの場における術だった。

「ティーは人を殺すための道具ではないので、相手が倒れてもトドメをさすことはしません。また、『隠して持つ』というのが本来の意味です。本当に人を殺そうと思ったら、相手は間違いなく後ろから近づいてきます」

当時は自分が武術を身につけていることを口外することなどありえず、他人に稽古を見られることもご法度《はっと》だった。そのなごりからか、神人武館の稽古では声を発することがない。いわゆる通常の空手の稽古風景で見られる「かけ声」や「気合」といったものは一切存在せず、各自が黙々と声を出さずに稽古する。

私が最初に見た稽古では、四人の弟子たちが各自で準備運動から始まるメニューを淡々とこなし、途中で巻き藁やサギマチワラの代用としてサンドバッグを突き始めた。指導する翁長会長は時折具体的なアドバイスを与えるものの、その指導に対して弟子たちは「はい」と声を発することはない。自らの五体を使って、ゼスチャーで「わかりました」と表現していた。こんな稽古の光景を見たのは初

神人武館の翁長良光会長（中央）

めてだった。

こうした「声を発しない稽古」を二つめの特徴とすると、三つめの特徴として、空手着にこだわらないことが挙げられる。私が見たときは短パンの人が多く、上半身はハダカ同然だった。指導する翁長会長も下半身には空手着を身につけているものの、上半身はハダカ。これが指導の基本スタイルという。確かにティーの時代に空手着など存在しなかった。沖縄はもともと暑い。空手着は後世において剣道や柔道など他の武道から取り入れた慣例にほかならない。

この日の稽古は巻き藁を突くドーン、ドーンという音が規則的に響いたほかは、黙々と息づかいと動作の音だけが不気味に残る中で二時間ほど続けられた。取材者としては一種のカルチャーショックに近く、理解を深めるため日をおいて以後も定期的に足を運ぶことになった。

ティーは巻き藁から入る

サンチンやナイハンチなど、空手の型のほとんどが福建語訛《なま》りの中国語に由来し、大陸から伝わったことはよく知られている。だがその当初の型が何百年かの歳月をへて、そのまま正確に継承されたとは思えない。そうした考えからか、現在の神人武館では、信頼できる型としてナイハンチ初段〜三段しか用いないという。翁長会長はティーと空手の違いについて、次のように説明する。

「沖縄空手の九割は型から入りますが、これは中国式スタイルです。一方、ティーは巻き藁から入ります。巻き藁がティーに入るための入り口なのです。型から入る空手と違って、巻き藁から入るティーに流派というものはありません」

確かに空手の流派は剛柔流を嚆矢として、「昭和」に入って形成されたものにすぎない。本来、型も流派に属するものではなく、○○（個人名）のティーというように、空手家個人に属するものにほかならなかったと語る。ここに現代空手とティーの最大の違いがある。

さらに、「ティーに受けはない」と何度も強調した。

現代の基本稽古などでよく練習するような、受けのための受けは実戦では使えないという考えからだ。相手の攻撃が点から点へ最短の直線で飛んでくるとすれば、曲線を描いて受けようとしても物理的に間に合わない。そのため、受けのための受けは実戦では役立たないとの哲学に基づく。

必然的に、〝受け即攻撃〟となる攻防一体の動きや、相手からの攻撃対象となる場所に自分の身を置かない「転身」の技術を重点的に稽古する。転身したあとさまざまな攻撃につなぐコンビネーションの動きも多く目にした。

「僕たち人間の足は左右にしか付いていない。(動物のような)前足や後ろ足はない。左右にしか行けないんです」

「蹴りは転身の延長上にあります。蹴りはプッシュではなく(腰使いで)はじきます」

巻き藁突きでは相手の心臓または脇腹と想定し、そこに力のこもった突きを叩き込む。実戦を想定するので、素人がやるように単純に正面から巻き藁を突くわけではなく、側面から入って打つ動きなど、突き方には七種類の方法があるという(「口伝《くでん》」のため内容は非公開)。

翁長会長は、現在の沖縄において(実戦的な)巻き藁突きを教えることのできる指導者はもうほとんどいなくなったと嘆く。さらに「ティーを伝えられる人は、私が死んだらもうおしまいでしょう」とも。神人武館で教える内容はだれかの受け売りではなく、翁長自身の独自研究によってつくりあげられたものという。

十代からおよそ三十五年間、戦後の沖縄空手界の四天王の一人に師事し、うち二十年は道場に住み込みで二十四時間、空手のことを考える環境下にあった。その結果、指導の深さは、空手の一端を知る者からすれば驚きのレベルにも見える。

例えば、最初に見学した際、私は翁長会長が舌（ベロ）の位置まで懇切丁寧に指導しているのを聞いて耳を疑った。相手に呼吸を読まれないための指摘だったようだが、自らの地べたを這《は》うような修練抜きには出てこない言葉に感じられた。

「本物の弟子を十人つくりたい」

翁長の希少価値を知悉《ちしつ》する少数の弟子が、いまも熱心に稽古を続ける。

兵庫県の高校を卒業と同時に、沖縄に住み着いて修行を行っている和田幸之介《わだこうのすけ》（一九九九〜）は、高校二年の夏に、翁長のもとを初めて訪れた。ネットで翁長の映像を見て、これは何か違うと思い、親に頼んで来沖したという。高校三年になってからも沖縄を訪問。卒業後はカナダ留学が内定していたが、翁長の空手の魅力に引き込まれ、〝翁長のティー〟を優先して学ぶことを決意。姫路ナンバーの自家用車とともに海を渡った。

糸東流空手の指導者である父親のもとで中学生のころから空手を習った経験のある和田は、翁長の空手哲学、稽古体系などに、他の空手とはまったく違う価値を感じとったという。来沖してからは最低限の仕事をこなしながら、空手中心の生活を続けている。

神人武館は那覇市から車で三十分ほどの中城《なかぐすく》村《そん》に独自の「青空道場」をもつ。はるかに海を臨む崖のてっぺんを開墾し、稽古スペースをつくって巻き藁などを設置した場所だが、週二回の定例稽古のない日は、毎日のようにその稽古場に通って自主稽古を続ける。

私がその場所に案内してもらったのは、たまたま台風が来襲した日だった。通常の感覚で、悪天だから自主稽古を休むのかと尋ねると、逆に天候が悪い日ほど稽古に身が入るとの返事が戻ってきて驚かされた。暴風雨の中、淡々と稽古する姿をかたわらで見守ることになった。

十文字陽介《じゅうもんじようすけ》（一九七五〜）は千葉県船橋市の出身。小中学校時代は、本土の松濤館空手に励んだ。就職氷河期の世代に当たり、フリーターをしていたとき、たまたま神人武館の道場の前を通りかかり、興味をもって入門したという。十年前から沖縄に定住し、鍼灸《しんきゅう》

野天の稽古場（中城村）

師《し》や柔道整復師の資格を得ながら、翁長のティーの習得に励む。将来は習得した「オンリーワンの空手（ティー）」を自分の弟子たちに伝えていきたいと考えている。

翁《アランウェング》 偉翔（一九八四〜）は、台湾出身。英語、中国語、日本語の三カ国語に堪能《たんのう》で、海外支部との連絡係を担っている。

二十年以上翁長に師事する別の男性（一九七二〜）は、開業医として多忙な日々をぬって稽古に励む。もともと学生時代にバスケットボールをしていて、体の使い方という点で共通性を感じ、翁長のティーに励むようになった。現在残る弟子の中では最年長であり、唯一の沖縄出身者だ。この男性が強調したのも、翁長のティーはサバイバルのための技術ではなく、リビング（よりよく生きるため）の技術という言葉だった。

私が訪ねた最初の日、翁長は「死ぬまでに十人の弟子をつくりたい」と口にした。また、神人武館の稽古を何度か見に行くうち、そのたびに聞かされたのが、沖縄空手界ならではの課題という話だった。

「沖縄には（最高位の）十段が百四十人もいる。柔道界にも、剣道の世界にも十段はいません。これでは（段位の）権威はなくなってしまいます。しかも十段は審査を受けてなるのではなく、自分で任命して自分で賞状を書くような十段です。ティーは本来死ぬまで修行なのです」

沖縄空手界のタブーを臆することなく口にする。

「いまの沖縄空手ははしゃぎすぎです。オリンピックが終われば、空手への関心は薄れるでしょう。ティーの精神は、殺されたくない。だから声を出さない。でもいまの空手競技は、声を出す。たまたまライオンの近くに来てしまった獲物が、私はここにいると自ら声を発するでしょうか。黙ってその場から離れるのが賢さというものです。ティーはいかに戦うかではありません。いかに戦わずに済むか。本来のティーとは知恵のことを指します」

「比嘉佑直師が亡くなる直前、病床に見舞った際に伝えられた言葉が忘れられません。それは『治にあって乱を忘れず』。いまの日本人は平和になりすぎて危険を感じとる力が失われた面があります。ティーはいざというときのための備えの術。実際に使う機会は一生のうちに一度訪れるかどうかくらいかもしれませんが、死ぬまで稽古を怠ってはいけないよ、という力強いメッセージだったと思います」

ちなみに翁長会長はクリスチャン。お酒をこよなく愛するざっくばらんな人柄だった。

古武道　沖縄で育まれた武器術

古武道の二つの系統

沖縄において「空手と古武道は車の両輪」とはよく耳にする言葉である。だが沖縄空手と古武道の成り立ちは、歴史的にはかなり異なっている。例えば空手の型名称はサンチン、ナイハンチ、パッサイ、クーサンクーなど多くが福建地方訛りの中国語に由来するのに対し、古武道の型は考案した琉球人の名前や地元の地名など、沖縄固有の名称に由来するものが多いからだ。これらは古武道が純粋に沖縄発祥のものとして定着した経緯を示している。

古武道といってもまず思い浮かぶのは、棒やサイ（釵）など、武器術習得の際に最初に習う武器だろう。ほかに漁師が使ったエーク（櫂）や農具である鎌、さらにヌンチャクなどがある。サイは中国から伝来したものとされるが、これらの多くの武器はもともと人びとの身近にある道具で、自分の身を護るための武術として発達したものとされる。背景には、薩摩藩の圧政により、武器を取り上げられた歴史的な経緯があったともいわれている。また、棒については各村々で独自の棒術が発達し、村の祭りなどでしばしば披露されるなどしてきた歴史がある。

沖縄の武器術といっても、本来空手と無縁のものではない。腰使いなどに空手と似通った動きが多く含まれるからだ。そのため古武道は、空手で一定の修練を積んでから取り組むべきとの考え方があり、その逆は少ないともいわれてきた。

現代の古武道には大きく二つの流れが存在する。一つは平信賢（一八九七～一九七〇）が戦後集大成した「琉球古武道」、さらに又吉眞光《またよししんこう》（一八八八～一九四七）が起こした金硬流《きんがいりゅう》空手古武術（「又吉古武道」または「沖縄古武道」と称する）の二つである。

これらを沖縄伝来の古武道の〝双璧〟とするのが一般的だが、どちらがより広く普及しているかを示す具体的な資料は存在しないようだ。ざっくりとした感じでは、地元沖縄での普及率は半々で、スペインやフランスなどヨーロッパ諸国では又吉系のほうが広く普及しているとの見方がある。また、二つの古武道のほか、沖縄では「劉衛流」や「本部流」「山根知念流」などにも独自の古武道体系が伝わる。

古武道の武器は各種あるが、琉球古武道の場合、一般には棒、サイ、トンファー、エーク、ヌンチャク、鎌、鉄甲《てっこう》、スルチン、ティンベーの九種類。又吉古武道の場合もほぼ変わらないが、種類はより少ないかもしれない。

また、双方に伝承される型には、「佐久川《さくがわ》の棍」「周氏《しゅうし》の棍」など同じ名称のものが見られるが、構成内容は似ているものの微妙に異なっている（平信賢系統では上記のそれぞれに大と小の二種が存在することが多い）。一般に琉球古武道のほうが伝承される型の種類は多い。棒を例にとると、琉球古武道は十八種類を伝承し、又吉古武道は朝雲の棍、周氏の棍、津堅の棍、佐久川の棍、添石の棍の五種類を伝える。

これらの二系統は、技法に優劣はつけられないものの、棒の振り方などに違いが見られる。一般的な特徴として、又吉古武道は力強い動きを持ち味とし、琉球古武道は足の入れ替えや握りのスイッチなど技の細かさが見られるといわれている。

沖縄戦で消滅寸前に陥った武器術

一九四四年十月の沖縄大空襲をはじめ、沖縄本土を舞台とした地上戦で県民の四分の一が命を落とした沖縄戦——。「鉄の暴風」と呼ばれるほどの爆撃で、多くの空手家も命を落とした。有名なところでは剛柔流の宮城長順の一番弟子であった新里仁安や首里手系の徳田安文（一八八六〜一九四五）が戦死したほか、花城長茂、本部朝基や喜屋武朝徳などの著名な空手家も同時期に他界している。

古武道においても屋比久孟伝《やびくもうでん》（一八七八〜一九四二）や棒術の大家であった知念三良《ちねんさんらー》（一八七四〜一九四五）が戦時期に亡くなっている。

戦後は人びとが生活に追われ、沖縄の武器術は伝承者がいなくなり、伝統武術が消滅する事態が懸念された。そんなとき、シャノン・マキューン民政官（米政府派遣の現地統括責任者。軍人が民政官を務めてきたが、ケネディ大統領の命令で派遣された初の文官民政官。後にユネスコの要職なども歴任）から武器術の保存を具体的に勧められて行動したのが、知花朝信のもとで小林流空手を学んでいた仲本政博《なかもとまさひろ》

いつも稽古する自室で鎌を握る仲本政博さん

（一九三八～）だった。

「戦後まもなくは道具もない、施設もない。教える先生方も少なく、古武道は消滅する寸前でした」

そう語る仲本は二十四歳で平信賢の門を叩き、十年近く師事した。その意味では平の数少ない直弟子の一人であり、現在、道場を開いている平信賢の直弟子はほかに見当たらないという。以来、古武道歴はゆうに半世紀を超え、現在も午前二時から三時の間に起床すると、自室でまず握るのは武器という。

ちなみに「佐久川の棍」の考案者ともいわれている唐手（トゥーディー）佐久川こと佐久川寛賀は、仲本の父方祖母の祖先に当たるという。

「空手と古武道は歴史的な成り立ちは異なりますが、原点はどちらも同じです。琉球王朝時代の首里の武人たちはほとんど古武道をやっていました。北谷屋良（チャタンヤラー）のサイや佐久川の棍などを考案したのはみな空手の達人です。古武道は琉球人が編み出した武術そのものです」

古武道の利点を質問するとこんな答えがかえってきた。

「古武道を始めたとき、当時の空手の先輩からこんなものを習ってどうするんだと言われました。空手しかやっていない人には、当時は古武道に対する無理解がありました。武器術を習うことによる利点は、相手が武器をもっている場合の対応の仕方がわかるようになることです。例えばボールペン、指輪、腕時計、ベルト、ジャンパーなどでも、古武道の心得のある人はそれらを使ってすぐに応用できるので、マルチな対応が可能になります」

ちなみに平信賢系古武道（＝琉球古武道）の九種類の武器をひととおり使えるようになるには、十五年くらいかかるという。仲本の得意な武器はヌンチャク、次男の仲本守《なかもとまもる》（一九七一～）はサイを得意とする。

また、師匠の平信賢はもともと空手では松濤館を開いた船越義珍の弟子であり、首里手系の空手をもととする。その点でも、仲本とは似通った面がある。

仲本政博は沖縄初の国費留学生として半年間、

文武館の古武道博物館（那覇市）

息子の守は空手指導のため三年間、それぞれ中国福建省で滞在経験をもつなど、中国本土との人脈も多い。

仲本の運営する文武館では、建物の一つのフロアを古武道博物館として展示する。

琉球古武道に取り組んだ上地流空手家

上地流空手でおよそ半世紀の武歴をもつ上地流久場川修武館の金城《きんじょう》政和《まさかず》館長（一九五二～）は、空手と同時期に古武道を始めた。

自身の上地流空手の師匠であり、古武道では平信賢の直弟子でもあった箕輪《みのわ》剋彦《かつひこ》（一九二九～二〇〇三）から、「いつか必ず身になるから僕に騙《だま》されたつもりで古武道もやりなさい」と勧められたのがきっかけという。

最初は半信半疑で積極的に取り組む気持ちになれなかったものの、動作に自然と腰が入るようになってから面白さに気づいたと振り返る。

「そこまで二、三年くらいかかりました。古武道はもともとしょうりん系（空手）の人が多かったのですが、上地流で古武道に取り組んだ人は当時一割もいなかった時代です。月水金は空手、火木は古武道を練習しました」

以来、五十年。いまではカナダを中心に、アメリカ、オーストラリア、インド、香港など、金城の伝える古武道は海外に広がった。「古武道はこれから伸びていく分野」と胸を張る。

平信賢の孫弟子に当たる金城は、弟子を大事に育てることで知られる。二〇一八年夏に沖縄で開かれた第一回国際大会でも、自らの弟子や孫弟子たちの多くが入賞した。二人の息子も古武道の練達者だ。

「立派な弟子たちも育ってきているので、ひと安心ではあります」

自らの演武ではエークを使うことが多い。棒、サイ、トンファー、エーク、ヌンチャク、鎌、鉄甲、スルチン、ティンベーの九種類の武器をひととおり使えるようになるには十五〜二十年くらいかかるとも。

棒やサイなど 1000 点もの武器を収集保存する金城政和さん

「棒だけでも、平先生が残した型が十八種類くらいあります。私の師匠である箕輪先生ですら全部を覚えてはいませんでした。でも平先生は『琉球古武道大鑑』で全部残してくださった」

さらに「棒を使った演武はごまかしが利かない」とも。

古武道の先達《せんだつ》が亡くなるたびに親族にお願いするなどして、これまで多くの武器を収集してきた。集めた武器は棒が百二十本、ヌンチャクが八百くらい、計千点ほどが自室に保存されているという。

なかには中国からもち帰った二百五十年前のサイや、喜屋武朝徳が愛用したとされる丸みをおびた貴重な棒の複製も含まれる。

空手と古武道は車の両輪

又吉系の団体である一般社団法人・全沖縄古武道連盟の平良吉雄《たいらよしお》会長（一九三五〜）は、空手歴六十年（剛柔流）、古武道歴も五十年近い。

棒術の盛んな県南部の八重瀬《やえせ》町の出身で、村棒と呼ばれる棒術が数百年の伝統をもち、それぞれの村ごとに異なる型も存在したという。

「古武道の場合、自分を防御するために身近な道具を使って始まっているので、それぞれの地域で独自に発生した経緯があります。首里士族もやっていましたが、もともと庶民の生活の中から生まれたものです」

若いころから棒術が好きだったと語る平良会長は、「古武道は好きでないと続かない。あくまで基本は空手ですから、空手をやって古武道を習う人がほとんど。古武道をやってから空手に入る人はむしろ少ない」と説明する。

同連盟の親川《おやかわ》仁志《ひとし》理事（一九五四〜）も、「空手をやっている人は古武道ののみ込みが早いです。古武道そのものが、鍛錬具の役割を果たしますから、特に空手の鍛錬具で鍛えるということをしなくても腕の力などが自然と身につくメリットがあります」とその効用を強調する。

自身の道場で棒を握る全沖縄古武道連盟会長の平良吉雄さん

親川理事は喜屋武朝徳の直弟子の一人、仲里常延から直接教わった空手家だ。幼少のころから空手を始めると同時に、自身の祖父から古武道の手ほどきを受けたと語る。又吉系の棒術の使い手としても知られている。

全沖縄古武道連盟では棒、サイ、トンファー、エーク、ヌンチャク、鎌の六種の武器を取り扱う。又吉古武道の創始者であった又吉眞光の子、又吉眞豊《またよししんぽう》（一九二一～九七）が同連盟の初代会長を務めた。

「（サーターアンダーギー（球状の揚げドーナツ）を手土産に、よく型を直しに来てくれました」

平良会長は、初代会長が沖縄市にある自身の道場を時折訪問したときの様子をそう回想した。

III

極真空手から沖縄空手に魅せられた人びと

金城健一（琉誠館／館長）

一九七〇年代以降、日本本土を席捲《せっけん》した極真《きょくしん》空手――。型《かた》よりも実際に打ち合う組手《くみて》を重視し、実戦カラテを標榜《ひょうぼう》することで、劇画や映画を通して若者に爆発的なブームを巻き起こした。この章では、フルコンタクト空手をへて沖縄伝統空手に魅《み》せられた四人の空手家を紹介する。一人目は極真空手がまだオープントーナメントという全国規模の大会開催を行ってまもないころ、沖縄空手の本場から単身で極真に乗り込んだ経験をもつ琉誠館の金城健一《きんじょうけんいち》館長（一九四〇～）だ。

防具付き組手にあきたらず極真へ

金城健一は沖縄県国頭村《くにがみそん》生まれ。県立名護高校に入学してまもなく、近くにあった中村茂（一八九一～一九六九）道場に入門した。中村は「沖縄拳法」と称する首里手《しゅりて》系空手の使い手で、沖縄で初めて防具付き組手を導入した人物として知られる。剣道で使うような面や胴を付けて行う組手だった。

実戦重視の沖縄拳法で修行を積んだ金城だったが、道場内でめきめき上達すると組手の相手がいなくなり、物足りなさを感じていた。高校卒業後、臨床検査技師を志《こころざ》し、福岡県で病院勤務した時期もある。県立名護病院に移ったころ、たまたま本土の極真空手のパンフレットを目にする機会があった。防具を付けずに実戦で勝負をつけるというスタイルに魅力を感じ、以来、頭にこびりついて離れなくなった。自分の組手に自信をもっていた金城は、「当て試合なら自分もやってみたい」と、いてもたってもいられない心境になったと振り返る。

当時、師匠の中村は鬼籍に入り、沖縄拳法本部道場での指導は金城が担っていた。防具付き組手の胴はベニヤ板を二枚ほど重ねたものだったが、強く打つと割れることもしばし

琉誠館館長の金城健一さん

ば。面を思いきり叩《たた》くとよく指を骨折したという。

勤務先の病院にかけ合うと、半年間の休暇をくれるとの好意的なものだったが、それではおさまらないだろうと思い切って退職。東京・池袋にある極真会館の本部をめざした。三十一歳だった。

受付で来意を告げると、当時、本部道場で指導していた人物が出てきた。入門手続きをとることが必要と言われ、そのまま稽古に参加する形となった。その場にはたまたまキックボクサーが道場破りに来ていた。対戦は茶帯の道場生が膝蹴りを顔面に入れてあっけなく終了。素手素足の攻防での鮮やかなKOシーンを目の前で見せられて衝撃を受けたという。「では次にやってみるか」と促《うなが》されたものの、「ちょっと待ってください」と答えていた。

以来、極真の直接打撃制の魅力に取りつかれ、稽古に通う日々が始まった。大山倍達《おおやままずたつ》総裁（一九二二～九四）も時折稽古をつけた時代で、直接指導を受けることもあったという。

当時の先輩の中で強力な印象を残しているのは、第一回の全日本チャンピオンのY。当時はキックの選手としても活躍していた。夜の稽古が終わるころしばしば本部道場にやって来ては、組手の相手を務めさせられることが多かった。防具付き時代の悪いクセで、ガードが下がっているところへ、いきなり強力な上段回し蹴りが飛んでくる。まともに入れられて気を失ったこともある。その間、フワフワと空を飛んでいるような不思議な感覚を味わった。

「こら、キンジョー、起きろ！」

右側から怒鳴り声が聞こえてきて現実世界に呼び戻されると、声の主は館長の大山倍達だった。

「極真は（沖縄空手と違って）ほとんどが回し技でした。回し蹴り、回し受け。しかも当時の組手は手加減なしで一発一発がダメージを与える技でやれと厳しかった。そのうち慣れてきて、黒帯の先輩方との組手も苦にならなくなりました」

三、四カ月もすると、技を見切ることもできるようになり、先輩の回し蹴りにも対応できるようになった。最初のころは防具付き時代の悪いクセで飛び込んで叩けばいいという安易な感覚が残っていたものの、実戦的な組手を体験することでそのクセはなくなっていったという。

そのころ、第三回オープントーナメント（一九七一年）に出場する本部道場推薦の選手が決定された。金城も大山総裁から直接指名され、出場選手の一人となった。

極真の全日本大会で五位に入賞

いまさらながら、第三回全日本空手道選手権大会の入賞者を振り返ると、そうそうたる顔ぶれが並んでいる。

優勝したのはその後第一回世界大会でも優勝を果たす佐藤勝昭《さとうかつあき》（一九四六〜）、準優勝は大山泰彦《おおやまやすひこ》（一九四二〜）、三位は独特の回し蹴りで名を残した大石代悟《おおいしだいご》（一九五〇〜）、四位に三浦美幸《みうらみゆき》（一九四九〜）、そして五位に金城健一の名前が残っている。

下馬評では、金城は優勝候補の一

第3回全日本空手道選手権大会
1971年10月24日　東京体育館

佐藤勝がパワーで組手の天才を下す

第1回、第2回の上位3位までを占めていた山崎照朝、長谷川一幸、添野義二の三強が欠場した第3回全日本大会。出場選手の実力が伯仲しており、戦前の下馬評では優勝争いは混沌すると思われていた。優勝候補に挙げられていた沖縄の星・金城健一が4回戦で敗れることもあり、本命なきサバイバルレースはますますわからないものとなっていた。そのなか、圧倒的な実力で第3代日本チャンピオンの座を勝ち取ったのは、講道館柔道から、極真空手に転向した佐藤勝昭だった。

“重戦車”の異名通り、佐藤の最大の武器は178cm、88kgの巨体から繰り出される重量感のある蹴りにある。技主体の組手が主流だったこの時代に、初めてパワーの重要性を認識させ、佐藤時代の到来を感じさせた。

この佐藤と優勝を争ったのは“組手の天才”と呼ばれた大山泰彦である。組手における技の切れとスピードでは右に出る者はいないと評価されていた大山は、決勝リーグまで順当に勝ち進んだ。チャンピオンを賭けた戦いでは、大山が強烈なインファイトを仕掛けるものの、カウンターでの中段前蹴りを放つ佐藤に惜しくも一本負けを喫した。それは極真空手で初めてパワーがスピードを上回った瞬間でもあった。

またこの大会では初出場ながら決勝リーグに残り、3位入賞を果たした21歳の新鋭・大石代悟の存在も忘れることができない。“上段廻し蹴りから、後ろ廻し蹴り、”妖刀村正”と評される芸術的な足技で、せまり来る敵を一人、二人と確実に倒していき、会場内の歓声を一斉に浴びた。

本命なき戦いも、終わってみれば、佐藤が決勝リーグを一本勝ちで連勝するなど、佐藤のパワーが抜きん出る形で幕を閉じた。新たなヒーローの誕生は極真空手の底辺の広がりを実証し、大型選手時代への幕開けを感じさせるものとなった。

▲佐藤は中段蹴りを大山に浴びせ一本勝ちを奪い初優勝。

▼華麗な足技を駆使し、堂々の準優勝を飾った大山。

第3回全日本入賞者	
優勝	佐藤 勝昭(25)
準優勝	大山 泰彦(29)
3位	大石 代悟(21)
4位	三浦 美幸(21)
5位	金城 健一(31)
6位	吉岡 幸男(23)

本空手道選手権大会
体育館

コリンズ決勝進出 三浦が日本を救う

前回優勝の佐藤勝昭、初代全日本王者・山崎照朝、猛虎・添野義二が参加して、優勝争いに注目が集まった第4回大会。番狂わせ続出となった同大会では、この3人の中に優勝者はいなかった。

まず佐藤勝昭が3回戦で秋田の佐藤俊和に再延長の末、優勢の判定で敗れる波乱が起きる。無理な減量など調整不足がたたり、連覇の夢は早くも消えた。そして山崎もブロック決勝で、英国出身のハワード・コリンズに右の上段廻し蹴りを決められ、ダウンを喫し、無念の敗退。会場がざわめいたのは言うまでもない。佐藤勝昭を破り勢いに乗る佐藤俊和は、ブロック決勝では添野と対した。佐藤は添野に絶妙のタイミングで前蹴りを見

進出した。

決勝リーグでの三浦とコリンズの戦いが事実上の決勝戦となり、同時に極真史上に残る死闘となった。日本空手の威信を賭けて戦った三浦は、試合開始直後、右の下段廻し蹴りをコリンズの左足に叩き込んだ。このローキックが功を奏し、コリンズは左をほとんど使えなくなる。両者決め手のないまま2回の延長となったが、僅差判定で三浦は日本王座を押し寄せる外国人の波から死守した。

しかし敗れたもののコリンズの存在は、決勝リーグを独占した日本陣営に大きな脅威を与え

また連続で大物を演じた佐藤俊和も決勝リーグでは、激戦の疲れからか精彩を欠いていた。コリンズし、勢いに乗る三浦のローキック攻撃にる。ダメージを負った佐藤はコリンズに敗れ3位に終わった。その健闘ぶりは近来、王者になるこ周囲に感じさせる

める三浦。

コリンズが決勝リーグに進出、三浦を苦しめた。

極真全日本選手権での金城選手の活躍を紹介した雑誌記事（『カラテ最強の一冊』1996年）

人に挙げられていたが、準々決勝で大石代悟に敗れた。大会では稽古でまったく使わずに試合用に温存していたボディへの「横蹴り」を多用。それが面白いように決まったという。沖縄空手に特有の直線的な蹴りである。

初出場の全日本大会で入賞できたことで金城をスペインへ指導員として派遣する話がもちあがった。本人もいったんはその気になったものの、沖縄に帰省した際、家庭の事情で行けなくなったという。結局、極真に在籍したのは一年に満たない短い期間に終わったが、それでも収穫は大きかったと振り返る。

「空手を続ける上で、実戦上の打ち合いは必ず経験する必要があったと思います。どのくらいの力で打てばどの程度効くのか、どの部分を狙えばよいのか。すべては経験なしに身につくものではありません。一、二年くらいの打ち合いの体験は不可欠だったと考えています。極真時代に無駄なことをやったとは思っていません」

沖縄に戻り地元道場に復帰した金城が始めたことは、極真（フルコンタクト）ルールでの試合を自ら沖縄の地で開催することだった。沖縄中の道場に声をかけ、参加者を募《つの》った。第一回沖縄実戦空手道選手権大会が開催されたのは八一年で、以来十四回開催している。

自分の弟子たちに「お前は上段回し蹴りを使うな」「上段膝蹴りは厳禁」などとそれぞ

れに〝禁じ手〟を言い渡し、怪我人や死人が出ないように配慮した。それでも内心は気が気ではなかったと振り返る。それだけ金城の弟子たちが、実戦カラテという点で沖縄の中で際立っていたことを意味する。

極真流のスタイルが生きているためか、金城の道場では挨拶《あいさつ》の言葉はいまでも「押忍《おす》」だ。

沖縄伝統空手の型を見直す

とはいえ、沖縄空手から出発し、極真で体験を積み、沖縄に戻ってきた金城にとって、どうしても譲れない一線があったという。それは沖縄空手が生んだ「型」の存在だった。

例えば首里手系の沖縄拳法にも、極真空手にも、同じ平安《ピンアン》という名称の型があるが内容はかなり異なる。

「極真の場合は、すべて手刀回し受けで行います。沖縄空手の手刀受けは回しません。これは大山先生が中国拳法の達人などと手を合わせた際の体験に基づいて変更された部分だと思いますが、その意味では糸洲安恒《いとすあんこう》の本来の平安《ピンアン》とは異なるものです。型だけは沖縄空手の伝統に従うべきという考えがありました」

例えば極真の「平安《ピンアン》その二」という型は、もともとは平安《ピンアン》初段のこと。極真では最初の動作は脇構えで右脇腹に引く動作となっているが、本来は引いたりせずにそのまま両腕の受けに入る。その意味では不必要な二挙動になってしまっている。また、もとは前蹴りだった部分が横蹴りに改変されるなど、変更された点も多い。型を厳密に追求するなら、極真の型も本来の沖縄空手の型に戻らざるをえないとの信念をもっていた。

「技を見つめていったら、そうならざるをえないと思います。(型を) 崩してはいけない」

現在、日曜日に指導者クラスを集めて稽古する際は、沖縄伝統空手の型の分解 (実際の使用方法) を研究する。それでも極真時代に学んだことは沖縄空手においても必要なものだったと強調してやまない。

「実際に当てて倒してみないと当てる怖さはわかりません。自分が一瞬で命を失うかもしれないという怖さが身につかないからです。寸止めとか、防具付きでやっていてもなかなか気づきにくい。まして型だけやっていても、それはダンスに近いものであって、実戦に対応できるわけはありません」

琉誠館は、沖縄伝統空手と極真空手の双方の長所を併せもつ点で、沖縄の中ではユニークな立ち位置にある。

高久昌義（錬空武館／館長）

極真空手の城南支部といえば、「チャンピオン製造工場」の一つとして城西支部と競い合った時期をもつ名門支部として有名。高久昌義《たかくまさよし》（一九七一〜）は、栃木県出身で高校卒業と同時に同支部の門を叩き、数見肇《かずみはじめ》選手（一九七一〜）ら同世代の中で頭角を現した。一九九七年全世界ウェイト制大会でチャンピオンに。現役引退後は極真会館（松井派）の支部長として活躍後、二〇一四年十二月に沖縄空手や中国拳法の理念を取り入れた新組織「錬空武館」を設立した。

フィリオとの一戦がきっかけ

極真空手の城南支部はユニークな取り組みで知られてきた。フルコンタクト・ルールの競技に特化した練習法だけでなく、掌底《しょうてい》を使った顔面ありの組手を行ったり、中国拳法の意拳《いけん》（太気拳）を取り入れた稽古法を推奨するなど、武術性を重視する姿勢が見られた。

その城南支部にあって、立禅《りつぜん》や這《はい》など極真空手の稽古体系と異なる意拳の稽古には、道場の選手クラスにも好む者とそうでない者とに分かれたという。高久は「そうした練習が好きなほうだった」と語る。

対面稽古で生徒に指導する（錬空武館・多摩川道場）

第一回全世界ウェイト制大会で軽重量級の世界チャンピオンとなった高久の空手人生において決定的な転機が訪れたのは二年後。二十八歳で迎えた第七回世界大会（九九年）だった。五回戦で、この大会で極真史上初の外国選手の世界チャンピオンとなるブラジルのフランシスコ・フィリオとぶつかった。

通常、攻撃する際は、意識の変化も含めて技の「起こり」というものが生じやすい。そうした「起こり」を感じないまま、フィリオの上段横蹴りをまともにもらってしまった。「フィリオ本人は意識すらしていなかったかもしれません。何らの殺気も感じないまま、カウンターのように自分から突っ込んでしまった。わからないうちに蹴られていた感じで、そのことが自分では一番悔しかった。壮絶な打ち合いをして体力差で負けたのならむしろ納得がいったと思います。あの一戦がなければ、いまの自分はありません。その後、空手や中国武術を本格的に探究しようという気持ちも起きなかったでしょうし、武術の奥深さを探究せずにいたかもしれません」

意拳などの中国武術の魅力に取りつかれた高久は、城南支部長の廣重毅《ひろしげつよし》師範（一九四七〜二〇一八）の許可をもらい、中国武術の達人と定評のあった加藤武揚《かとうたけあき》（茨城県）のもとに定期的に通うようになった。加藤は警察官出身の知る人ぞ知る武道の達人で、中国武術、居合《いあい》、古武術などに造詣が深かった。空手は沖縄少林寺流の保勇《たもついさむ》（一九一九〜二〇〇〇）の系統に属しており、古流の型を習おうとする段階に入った矢先、その加藤が二〇〇八年に他界してしまう。

その後、大会などで偶然顔を合わせた今野敏《こんのびん》（今野塾主宰者）と知り合う中で、同じ喜屋武朝徳《きやんちょうとく》系の少林寺流の空手を修行していることを知り、二〇一三年ごろから師事するようになった。以来週一回、今野から「直伝稽古」を受ける。少林寺流は、アーナンクー、セーサン、ワンシュウ、パッサイ、五十四歩、チントウ、クーサンクーの七つの型を修練。その前提として、平安《ピンアン》（五種）やナイハンチも基本型として行う流派だ。

沖縄空手と中国武術を取り入れる

もともと沖縄空手に目を開くきっかけには、知花朝信《ちばなちょうしん》の系統である「心道流」との出会いもあった。同じ城南支部出身の数見肇（数見道場館長）、岩﨑達也《いわさきたつや》（剛毅會《ごうきかい》空手宗師）が師事していた座波心道流《ざはしんどう》出身の宇城憲治《うしろけんじ》（一九四九〜）の稽古に、共に参加した時期がある。そのため錬空武館では、那覇手の鍛錬型であるサンチンは、いまも心道流式のやり方で行っているという。

「宇城先生から習ったサンチンはすごくいいものなので、うちでは残してあります。（あまり強く息を吐かない心道流のサンチンは）中国武術の内家拳《ないかけん》的なんです。それほど力むこともなく、必要な腹圧、内圧をかけて行うものなので僕にはものすごく合っています」

高久にとって、沖縄空手は一方の極であり、さらにもう一つの極が古流剣術（新陰流）と形意拳《けいいけん》のエッセンスを伝える「刀禅」を主宰する小用茂夫《こようしげお》である。

「加藤先生、今野先生、小用先生。この三人の教えを核としていったら、すごいことができそうだとの期待が自分の中で膨らんできました。極真で空手を指導する際もそうした変化が生じ、このままでは極真の看板とそぐわない内容になると感じた段階で、松井（章圭）館長に相談し、自分の看板でやりたいと申し出て了承してもらった経緯があります」

　錬空武館の一般部の稽古を見学すると、立ち方はすべてナイハンチ立ちや四股《しこ》立ちのような立ち方であり、極真式の体系はほぼ見られない（極真空手はサンチン立ち）。平安《ピンアン》の型も、沖縄しょうりん流と同じ、オリジナルにほぼ近い様式と思われた。

　高久に中国武術を本格的に教えたのは加藤だが、その加藤に師事する以前、城南支部で意拳を習ったことがベースになっているのかを尋ねると、「廣重師範から意拳を習ってい

ナイハンチの型を行う高久昌義館長（左端）

なかったら、そういう目線にはならなかったと思います」との返事がかえってきた。

「うちは中国武術が半分、沖縄空手が半分という感じですが、中国武術で武術を行う体をつくり、その上で沖縄空手の無駄のない型がはまるんです。以前行っていた型よりも沖縄空手の古い型は身体への負担が少なく、私としては馴染《なじ》みやすく、動いていて身体の納得感が得られます」

高久にとって沖縄空手は取り入れる要素の一つであり、欠かすことのできないものとなっている。

道場では極真時代の平安《ピンアン》を沖縄流の平安《ピンアン》に切り替えるためにおよそ一年間かけて行ったという。古くから在籍する生徒には両方の違いを具体的に説明することで、より理解されやすくなったと振り返る。

「掛け試し稽古会」を主宰

高久は独立した翌年の二〇一五年から、ユニークな取り組みを始めた。「掛け試し稽古会」の開催だ。

流派を問わず、技の掛け合いを試みる。昔の沖縄では武術家同士が立ち会って、相手の力量を知り、自分の技を試す機会が暗黙のうちに存在した。現代にそのような機会はない。各流派がそれぞれの枠の中で試合を行っているだけだ。高久の問題意識は、フィリオとの一戦で明確になったように、技の起こりにいかに早く反応できるか、そのための鍛錬方法が存在しないに等しい状況をなんとかしたいとの思いが強かった。

そのため、技の攻防といっても実際に当てることはしない。当たれば、その時点で勝負は決してしまっており、武術としての戦いは終わっているからだ。また、はなはだ危険でもある。必然的に寸止めに近い攻防にならざるをえない。禁止技はなく、顔面攻撃もあり、つかみもＯＫ。互いの攻防をとおし、攻撃をもらったと思った側が「いただきました」と素直に申告するスタイルだ。「掛け試し稽古会」の発想は、高久の完全なオリジナルという。

当初は違う流派や格闘技が自由に対面した

掛け試し稽古会で汗を流す（2019 年 1 月）

ら、闘争心に火がついて喧嘩《けんか》になるのが落ちではないかと考える人も多かったという。実際にやってみると、禁じ手はないものの当てる直前で止めるため、何をコノヤローとはならず、逆に感動と感謝が残るらしい。さらにちょっとした悔しさを伴うものという。

「掛け試し稽古会の特徴は、相手の技を認めることにあります。触れられたらお終《しま》い、中に入られたらお終いという意識が共有されていて、まさに紳士淑女の稽古会です」

関東、関西、中部、沖縄などで定期的に「掛け試し稽古会」を開催。武道愛好家との交遊が広がる。

石本誠（沖縄空手道松林流喜舎場塾英心會館／館長）

極真空手がブームとなった背景に、劇画『空手バカ一代』がある。この中で準主役の一人として描かれた人物に、一九八〇年に四国・松山で芦原《あしはら》会館を設立する芦原英幸《あしはらひでゆき》初代館長（一九四四〜一九九五）がいた。相手の攻撃を受け流し、側面や背後から攻撃する「サバキ」技術を体系化した〝伝説の空手家〟として知られる。その芦原会館で内弟子経験をもち、その後、沖縄空手や合気道を取り入れたのが沖縄空手道松林流《しょうりんりゅう》喜舎場《きしゃば》塾・英心會館の石本誠《いしもとまこと》館長（一九六四〜）だ。

柔らかい動きを重視した芦原館長

石本が十六歳で芦原道場（大阪）に入門したとき、そこはすでに極真空手の道場ではなくなっていた。一九八〇年、芦原英幸はさまざまな理由から古巣の極真を離れ、自らの会館を設立した。

その後二十歳で内弟子を志し、四国・松山市の総本部道場で一年ほど本格修行した。だが、家庭の事情で郷里の大阪に戻らざるをえなくなり、関西本部で指導するように。内弟子出身の経歴もあり、大阪を訪れる芦原から何かと目をかけられたという。

「松山の総本部は二階が道場で、三階が館長室になっていました。芦原先生は何か思いついたら二階に下りてきました。当時から強調していたことの一つは、『剛の空手では柔らかい動きには勝てない』ということでした」

芦原は話をする際、しばしば相撲と合気道を引き合いに出したという。相撲の柔らかいいなし方について語り、合気道についても自身が四国の警察で空手を教えていた関係もあり、警視庁で採用された塩《しお》田《だ》剛三《ごうぞう》（一九一五～九四）の合気道に一目置いていた。

「とにかく、空手は力で行うものではないというのが先生の口癖でした。極真空手は競技という意味では素晴らしい発展を見せましたが、試合は本家本元の大山（倍達）先生に任せ、芦原先生はそれとは別の実戦重視のカラテをめざそうとされていました。護身として使える空手、さらに稽古において怪我をしない安全な技術としての『サバキ』を体系化され、五つの『組手の型』を考案されました」

三十歳になるころ、石本は過労で倒れた。父親の介護で当時一日一時間も睡眠がとれない状態だったという。師匠の芦原もそのころＡＬＳ（筋萎縮性側索硬化症）の病に冒《おか》され闘

DVD 発売発表会で演武を説明する石本誠館長（2018年 3 月）

病に入った。石本はこのまま空手を続けられるのかどうか煩悶《はんもん》したという。

「同じころ、ある先輩から太気拳（中国拳法）の稽古に誘われたことがありましたが、自分の体質には合わなかった。芦原先生の『力じゃないよ』という言葉と、弟子が簡単に真似《まね》できなかった先生のすごい動きは、実は空手の型の中に秘密が隠されているのではないかとふと考えるようになり、自分なりに型を探究しているうちに自然と沖縄に目が向いたのです」

奥さんが旅行好きだったこともあり、夫婦で沖縄を旅行する機会が増えると、さまざまな道場を見学して回ったという。あるとき芦原時代の先輩に「沖縄にすごい空手家がいるぞ」と教えられたのが、松林流喜舎場塾の新里勝彦《しんざとかつひこ》塾長（一九三九〜）だった。その先輩も直接新里に接したわけではなかったが、インターネット上の動画を見てそう感じたという。ただし連絡先はわからないまま

東京で行われた実戦サバキセミナー（2018年3月）

だった。

「サバキ」と沖縄空手の融合

二〇〇九年八月、住所を探し当てた石本は、新里塾長の自宅（与那原町《よなばる》）に飛び込み訪問する。空手道場の看板もない。高台にある大きな民家の玄関で呼び鈴をならした。

「奥様が取り次いでくださいまして、二階の道場に通されました。入門したいと希望を伝えると、先生から、ではナイハンチをやってみなさいと言われました。芦原時代にナイハンチの型はやっていませんでしたので、自己流で練習した型を見ていただきました。それで入門を許可していただいたのです」

突然の〝面接〟は無事に終了した。以来、大阪から毎月のように〝沖縄通い〟が始まった。時間を見つけては二泊、三泊の日程を確保。仕事が忙しく、日帰りでトンボ帰りするときも稽古をつけてもらった。その熱意に打たれたのか、塾長も「特別稽古」を設定し、マンツーマンの指導が続けられたという。

「私は（喜舎場塾の）道場生たちが平安《ピンアン》の型を演じるのを見て瞬時に本物だと確信しました。これこそ自分が求めていたものだと思った。スピードと攻防一体の動きがそれまで知っていたような動きとはまるで違いました」

芦原時代は極真流の平安《ピンアン》を行ってきた石本は、喜舎場塾に入門してからは、自分の道場で教える平安《ピンアン》を沖縄流に変更した。

「全部いちからやり直しましたよ。それでも芦原先生の『サバキ』だけは捨てていません。新里先生からも『サバキ』はすごく合理的にできているとほめられました」

師匠であった芦原英幸の空手哲学と新里塾長の空手に共通項を発見したことはやりがいにつながったと語る。

「そのころ月に一回の稽古ではもったいないからと、空いている時間を使って地元で合気道の稽古をしてはどうかと先生に勧められました。そこで教えてくれる人を探したのですが、お願いできたのが塩田剛三先生の高弟であった井上強一先生（合気道日心館館長、一九三五〜二〇一七）でした」

喜舎場塾では、①ハードコンタクト、②ライトコンタクト、③ソフトコンタクト——の三段階に分けて技の検証を行う。「柔らかい技でないと実際は使えない」と口にしていた芦原の言葉が、石本の頭の中でクロスする思いだったという。

ちなみに①のハードコンタクトは、力と力が衝突するいわば筋力同士のぶつかり合いで、剛の空手を意味する。一方、③のソフトコンタクトは、首里手の鍛錬型であるナイハンチの立ち方（ナイハンチ腰）になった際の技で、技のかかり具合がまったく異なる。いうなれば、合気的手法であり、合気道の原理とシンクロする体の使い方ともいえる。

二〇一八年、石本は『究極の護《まもり》 サバキ』（クエスト社）というDVDを上・下二巻で世に出した。内容は、上記の三段階の技のかかり方が具体的にどのように異なるのかを綿密《めんみつ》に検証するものだ。石本の師匠である新里塾長と、合気道の井上館長も出演。収録で顔を合わせた両氏は、合気道の基本動作六本について新里塾長が「ナイハンチとまったく一緒」と感想を語り、新里の演じるナイハンチの動きを目にした井上館長は「合気が入っている」と語り、それぞれ似通った感想に落ち着いたという。

DVD『究極の護 サバキ』

ナイハンチ腰の妙味

先のＤＶＤはナイハンチ腰（＝半騎馬立ち）になると、人体の動きや効果がどのように変化するかを実証的に示した興味深い映像である。

「ナイハンチ腰をつくると、後ろから押しても動かなくなります。これは耐震構造の原理と一緒です。ナイハンチがすべての基本の動きになる。極論になりますが、空手家としてこの型をやっていれば、どんなことにも対応できるということです」

ナイハンチ腰を別の表現では「腰を抜く」と説明した。腰を抜くと、人間の体そのものが柔体となり、独特の作用をもつ。

ちなみに、沖縄の古伝の型には、フルコンタクトでいうところの回し蹴りは一切出てこない。実戦では足を捕まれたら敗北を意味し、相手の腰より高い位置を蹴ることはご法度《はっと》とされている。ハイキックはルール設定のもとでの競技の範疇《はんちゅう》でしか通用しない技だからだ。

「私がハイキックを捨てますと言ったら、新里先生からはやりなさい、実戦で使わんかったらいいだけだと言われました」

その点は芦原も同様の考えをもっていたと強調する。

「芦原先生は『実戦は膝蹴り、肘《ひじ》打ち、頭突きの三つで十分。回し蹴りなんて必要ない』とおっしゃっていました。ただ『ハイキックは実戦では使わないが、軸をつくる練習にはなるのでやっておけ』という考えでした」

ちなみにフルコンタクト空手などの組手スタイルの一つに、後ろ足に重心を乗せる「後屈立ち」がある。ただし相手にタックルされると後ろにひっくり返されてしまうため、実戦には役立たない。喜舎場塾では、松林流が重視する「猫足立ち」は、重心を五分五分に置くという。

岩﨑達也（剛毅會空手道／宗師）

一九七〇年代以降、日本で隆盛を極めた極真空手。歴史をたどれば、沖縄発祥の空手から枝分かれした一部にほかならない。剛毅會《ごうきかい》空手道の岩﨑達也宗師（一九六九〜）から取材の最初にクギを刺された言葉は、「武術性があるかどうかが問題であって、自分にとってそれが沖縄空手でなければならない理由は何もない。たまたま師事した（沖縄空手の）先生がすごい武術性をもっていただけ」というものだった。沖縄空手の本質についてインタビューした。（取材／二〇一九年九月七日）

スポーツと武術の違い

――総合格闘家に転向するため二〇〇一年に極真会館（松井派）を脱退し、二〇〇二年にブラジル出身の総合格闘家（ミドル級）のヴァンダレイ・シウバ選手と対戦されました。あのときの試合が沖縄空手にのめり込むきっかけになったのでしょうか。

岩崎達也宗師　次に（ヴァンダレイ・シウバと）やるときは必ず倒す。それが武術空手をやろうと思った動機でした。ただ当時は何をどうすればよいか具体的な方法がわからな

東京大田区のゴールドジムでインタビューに応じる岩崎達也宗師

かった。極真の城南支部にいたころは、廣重師範（城南支部長・当時）の方針で意拳など中国拳法を取り入れた稽古をしてきましたから、中国へ渡って意拳を習おうかと考えていました。そんなときにある雑誌の取材で、（沖縄空手の）武術家の先生と対談し、実際に手ほどきを受ける機会がありました。私ともう一人の空手家で立ち会ったのですが、その先生と組手をやってみて、手も足も出なかったわけです。

――攻め込むこと自体できなかった。

岩崎宗師　そうです。やられる前にそもそも攻められない。そこが皆さんね、なかなかおわかりいただけない。そんなもの無理やり飛びかかって力ずくで攻撃すれば何とかなるよと言うんですが、これればかりは実際に立ち会った人間でないと感覚的に理解できません。この先生と立ち会ったとき、私は正直殺されたと思いました。結局、自分がやってきたことは武術ではなかった。スポーツだったと気づいたのです。

――スポーツと武術の違いは何でしょうか。

岩崎宗師　スポーツはどんな内容でも一定のルールのもとで勝てばいい。武術の稽古は武術を身につけることが目的だから、試合に勝つことが目的ではありません。こういう言い方をすると、スポーツ側からは武術を使えても勝てなきゃ意味がないという言い方をされるし、実際にMMA（総合格闘技）でもそう言われます。私もそう思っていますよ。だけど武術側から言わせてもらうと、勝ったとしてもそれは武術で勝ったわけではないだろうと。スポーツで勝っただけじゃないかと。似ているけど、ほんと相反《あいはん》しますよね。

――武術で勝つというのは、ルールのない戦い、つまり実戦で勝てるかどうかということですか。

岩﨑宗師　そうなります。例えば東京オリンピックで空手が正式種目になりましたが、金メダルをとったらハッピーというだけでは武術とはいえない。やはり目的が異なるわけです。それよりも大事なものがある。空手といっても、その本質が伝わらなければ意味はないと。

――その先生に習い始めて変わったことは何でしょうか。

岩﨑宗師　二〇〇四年から〇八年まで四年間、武術空手を教わりました。最初の三カ月くらいのとき、自分の組手が変わったのを実感できたんです。当時まだ総合格闘技の選手をやろうとしていた時期で、プロ級の人たちといつも練習する中で、まず相手とのやり取りが変わった。それまで見えなかったものが見えるようになり、倒れなかった相手が倒れるような不思議な現象が起き始めたんです。自分でもアレッと思いました。そのときに、先生の教えで自分の何かが変わったんだと思いました。

――まだ三カ月くらいだと、古流の型をすべて行っているわけでもないですね。

岩﨑宗師　ええ、見よう見真似で技をやっているくらいの段階です。武術空手に本当に懸けてみようと思ったのはそれからです。そこには「再現性」「客観性」「普遍性」の三要素が満たされる世界がありました。だれが何度やってもその本質は変わらないという法則性を感じることができたのです。

例えばボクシングの試合で、カウンターパンチの得意な選手と先制攻撃が得意な選手が対戦して、相手のリーチが長いとできない、相手のパンチが強いとできないといった相対的なものではなかったのです。法則性がないからもう一回やれと言われても再現できない。そういうものはやはり武術とはいわない。

忙しくなっていまは直接は習っていませんが、十五年前に言われたことを追い続けて稽古しています。すると選手に指導したり、自分で稽古をしていても、無限に技が出てくる。ちょうどシェールガスを掘り当てたみたいにザンザン技が出てくるんです。先生から教わった五つの型と基本動作をやればやるほど、無限に技が掘り起こされるから、楽しくて止められないのです。

――ご自分でもサンチンやナイファンチン（＝ナイハンチ初段）の型を欠かさずにやられている

のですか。

岩﨑宗師　そうですね。いま考えると、亡くなった（極真の）廣重師範の教えというのも、とにかく空手は武術でなきゃいけないというものでした。私は十二歳で極真に入門しましたけど、当時はチャンピオンになる目的で空手をやっていた。でも何百回チャンピオンになったとしても、それは（試合に）勝つためのノウハウであって、（武術の）原理原則を学ぶものではなかったのです。ただ、自己流で続けていた意拳の站椿《タントウ》が、武術空手を学ぶ際には役立ったと感じています。

首里手の理合いに惚れ込む

岩﨑宗師　私はよく言うんですが、武術には先ほどの三つの要素がなければならないと思うんです。まず「再現性」がなければならない。たまたまうまくできた、うまく倒せたでは再現性がないので実戦では心もとない。また「客観性」、さらにだれがやってもそうなるという「普遍性」がないといけません。先生の教える武術にはこの三つの要素が備わっていた。それが古伝の型の中に込められていると理解して続けてきました。

――ということは、武術空手の型を繰り返せば、だれもがそうなれると。

岩﨑宗師　そこがまだわからないところなんです。私の場合はまず組手から変わった。だから型をやれば強くなれますよとは口が裂けても言えません。型を反復するといっても、ただ動作を反復しているだけでは意味は少ない。反復するとしたら「分解組手」。例えば突いてくる相手に対し、腕受け（極真の内受け）で受けて突く。この稽古で、武術の四大絶対条件が満たされているかどうかがわかります。

四大絶対条件というのは、第一に相手の心や初動が見えているかどうか。第二に先《せん》を取れているかどうか、これには「先の先」と「後の先」の二種類があります。いずれにせよ「先」を取れているかどうか。第三に間《ま》を制している状態をつくれているかどうか。同じ距離でも相手からは届かないけど、自分の突きは当たるという間をつくれているかどうか。最後にそれらを集約した形で、相手の中に入れているかどうか。この状態をいわゆる相手を無力化する、ゼロ化するといいます。以上四点がきっちり揃《そろ》っているかどうかが、私の考える武術の四大絶対条件です。

格闘技の試合などを見ていると「入れている状態」がときどき見られるんですが、その同じ状態をつくろうという概念そのものがないので、みんな通りすぎてしまうんです。だから「再現性」（＝確実な反復）が生まれない。

わかりやすく言うと、子どもが自転車に乗れるようになるには何をしますか。何度も転ぶでしょう。転び続けてあるときふと乗れるようになる。水泳にも似たところがあります。いったん自転車に乗れるようになると、あとはどんどん上達する。片手運転もできるようになるし、両手を離しても運転できるようになる。でも最初から両手を離して運転できる人はいないと思います。

それと同じで、分解組手をやって、何度やっても最初は相手の中に入れない。あるときふっと入れるようになる。だから入れない状態の人が漫然と型を繰り返すのと、入れるようになった人が同じ型を行うのとでは意味が異なるのです。

ただこれは武術の先生もおっしゃっていたことですが、ニワトリが先か卵が先かの議論であって、人によっても違うでしょうし、唯一の正解があるというものではない気がします。

先生から習った言葉で、「那覇で鍛え、首里で使う」というものがあります。那覇手《なはて》の型のサンチンで鍛えて、実際の技の使用法は首里手の型のナイファンチン、クーサンクー、パッサイで学ぶ。特に手っ取り早く喧嘩に強くなりたいのならナイファンチンが一番いいと思います。昔、沖縄の本部朝基《もとぶちょうき》という空手家がナイファンチンしかやらなかったという気持ちはよくわかります。この型は受けがない。すべて攻撃オンリー。実際、実戦において受けていたら間に合わないわけです。

最後に那覇手のセイサンという型を習いました。これは那覇手の型ですが、理合いは首里手のものです。私は首里手の理合いというものに惚《ほ》れ込みましたね。相手が攻撃してきたときにパッと中に入って、相手を制す。そこには受けて突くといった一般的な二挙動の動作はありません。基本稽古のように受けと攻撃が分かれているような二段階の動きは、まさに野球などのスポーツと同じで、本来の空手とはいえないわけです。そこに武術とスポーツの違いがあります。

最近また（意拳の）站椿《タントウ》を指導の中に取り入れています。ただ立っているだけの動作ですが、私の教える站椿《タントウ》は、外側から見れば站椿《タントウ》なんですが、中身は武術空手の型なんです。この站椿《タントウ》の形とサンチンの型は、私の中ではほとんどシンクロしています。

――同じサンチンという型でも、極真のそれとはまったく異なりますね。

岩﨑宗師　私は極真のころは型をまじめに稽古したことがないんです。審査があるのでしょうがなく覚えていただけで。極真の型に何らかの整合性を感じたことは一度もありません。当時を知る人が、いま私が一生懸命型をやっていると聞いたら、さぞかしびっくりするだろうと思います。

それにしても痛感するのは、武術空手を伝えることの難しさです。実際の稽古では一人か二人と一緒に稽古して伝えるのが精いっぱいです。極真のときのように何十人もいっぺんに教えることなど物理的に不可能です。

極真の道を全うしたい

――二〇〇四年に武術空手の先生と出会ったときには、うつ状態になったと雑誌記事で拝見しました。
岩崎宗師　自分がやってきたことが武術でなかったとわかったときは、ショックは大きかったです。だれしも

剛毅會空手の稽古風景

空手と名のつくものをやる人は、自分の空手が武術だと信じたいですから。

――それまでやってきたことを全否定されたような気持ちでしたか。

岩﨑宗師　そうですね。でも結局全否定されて、初めてそこからどう進むかということだと思うんです。それが怖ければ最初からやらなきゃいいわけで。だから人にも言うんです。不都合な真実であろうと、全否定されたショックから立ち上がってものにしようとするのか、不可能だと背を向けてしまうのか、さあどっちが極真なんだと常に自分に問いかけるし、人にも言うわけです。そのときは全否定された、うつになった、よしやろうと。これが本物だと思ったら、そこにまたすべての命を懸けるのが極真ですよ。だから思想としての極真をいまだに続けている感じはあります。格闘技の中の最強は極真であると言われて育ってきましたから、いまさら引くわけにもいかない。

今回沖縄空手の立場で取材に来ていただいて申し訳ないですが、私がやっていることは、相変わらず極真なんです。

――わかりました。極真の精神ということですが、稽古体系は違いますね。

岩﨑宗師　稽古体系は極真のものは何もないです。少なくとも私がやった極真は武術ではなく、スポーツでした。ただしスポーツを否定しているわけではありません。私の先生の師匠も、「稽古は武術で、試合はスポーツで」と言われていたそうです。要するに武術空手といっても、スポーツや試合を否定しているわけではありません。実際に殴り合いや試合をやったことのある人間と、まったくやったことのない人間とでは、（経験値は）まるで違うと思います。

――最後に剛毅會の名称と理念について教えてください。

岩崎宗師　剛毅會のコンセプトは、「稽古は武術で、試合はMMA（総合格闘技）で」としています。

これは総合格闘技を行うという意味だけでなく、格闘は本来総合的なものでなければならないという考えからです。型本来の動作を抽出すればするほど、そういった総合的な格闘術が生まれてきます。ですから空手を稽古して競技に挑む場合、MMAが一番自然なわけです。

剛毅會の名称は「闘戦経《トウセンキョウ》」という日本独自の最古の兵法書に出会い、その本の中にあった「剛毅果断」という言葉から命名しました。

私の最初の空手の先生である廣重毅師範のお名前の文字がたまたま一文字入っていました。晩年亡くなる直前に最後のご挨拶をした際にそのことをお伝えすると、師範はニコッと笑って了承してくれました。空手家として私が赤ん坊のような時代からお世話になった先生の名前が入っていることに、不思議な縁を感じています。

プロフィル／いわさき・たつや　一九六九年生まれ、東京都出身。十二歳で極真空手を始め、国内タイトルを多数獲得。日本代表として世界大会で戦う。その後プロ格闘家に転向し、総合格闘技（ＭＭＡ）に挑む。同時に中国武術、沖縄古伝空手を研究。それらの理合いをもとに剛毅會空手道を創始。武術空手の追求、指導に専心する。

「沖縄詣で」重ねる空手家たち

五十年で変化した空手の境地

十年ほど前、沖縄空手に関心をもつ人の間で秘《ひそ》かに注目された本がある。タイトルは、

『公開！　沖縄空手の真実』――。サブタイトルに「君は本物の空手を見たことがあるか？」の文字。その書籍（二〇〇九年、東邦出版）の中でユニークな技法を紹介した空手家に、沖縄空手道松林流喜舎場塾塾長の新里勝彦がいる。横に移動しながら行う首里手の代表的な鍛錬型である「ナイハンチ」を独特な腰使いで演武し、独自の解説を加えていた。

新里は英文科の学生時代、十九歳のとき大学の空手クラブで空手を始めた。将来アメリカに留学したときに沖縄的なものを身につけていれば何かの役に立つかもしれないとの考

喜舎場塾で指導する新里勝彦塾長（中央）

えだったという。卒業後、地元の中学校で三年間英語を教え、二十代半ばからの二年間の米国留学中は空手をやったことが「とても役に立った」と振り返る。帰国後、那覇市の松林流開祖・長嶺将真《ながみねしょうしん》道場に入門した。

百六十センチをやや超《こ》える小柄な体に、敏捷性《びんしょうせい》の高い松林流は体質的に合っていたと振り返る。

長嶺将真が一九七五年に『史実と伝統を守る　沖縄の空手道』（新人物往来社）を出版した際は、英訳本を編集するなど尽力した。その後、兄弟子の喜舎場《きしゃば》朝啓《ちょうけい》初代塾長（一九二九～二〇〇〇）に師事し、現在は二代目塾長を務める。

空手歴は優に六十年近く。空手に対する境地が大きく変わったのは空手歴が五十年に差しかかった十年ほど前という。

それまでは力で行っていたものが、いかに〝力を抜くか〟という「脱力技法」に変化した。むしろ合気道のようなやり方に変わってきたと語るが、これらを文字で説明するのは難しい。

新里の口からは「剛体」「柔体」というワードがしばしば飛び出す。要約すると、「剛体」は力まかせの技であり、「柔体」はナイハンチ腰（足幅をやや広めにとり心なしか腰を落とした立ち方）で力を抜いた状態から繰り出すしなやかな技である。前者は力の強いほうが勝つ結果にしかならないが、後者は力が弱い者でも勝てる技法という。

「剛体」は筋力や瞬発力のある若いうちしか通用しない技法であり、一定の年齢を重ねると必然的に若い者相手には勝てなくなる。一方、「柔体」は年齢に関係なく使える生涯武術の空手らしい技法にほかならない。

突き詰めれば「骨格操作」の技法の違いに尽きるが、こうした新たな視点を取り入れた稽古や研究に全国から問い合わせや交流を求める武道家が後をたたない。

「最初は極真の人たちが交流をもとうとするのがすごく不思議でした。ハードコンタクトで鍛えた人たちが五十代になると若い人たちを抑えることができなくなると自覚する。考えてみれば当然の流れだと思います」

いまも定期的に交流を重ね、八十歳を超えた新里も極真流のスパーリングに参加することがあるそうだ。

「手応えがない状態はすごい技になっている。一方で手応えがあるときは技にはなっていないですね」

極真系から喜舎場塾に弟子入りした一人に、芦原会館の内弟子経験をもつ前出の英心會館館長の石本誠がいる。極真が生んだ伝説の空手家・芦原英幸のもとで組手稽古の相手を務め、実践空手の技法を学んだ。二〇〇九年に新里と出会い、サバキ（芦原空手の護身術）に通じるひらめきを得ている。

カラテ研究所の雰囲気

喜舎場塾は与那原町の新里の自宅二階が道場だ。高台にある道場は見晴らしがよい。時折、米軍機の爆音が耳をつんざく。看板も出ていないながら、定例稽古が行われる火曜と金曜の夜は、自宅の庭が稽古に来る生徒の車やバイクでいっぱいになる。

喜舎場塾の稽古風景は、本土の空手道場の感覚からするとかなり変わっている。塾長の口からは「剛」「ライト」「ソフト」の三語が頻出し、主に技の研究を行うといった内容だ。生徒は自由気ままに質問し、生徒同士で笑いながら技をかけ合い、実験するといった感じである。

そこには教える者と教わる者といった緊張関係や権威ぶったものは感じられず、空手の好きな者たちが師のもとに集まり、大いなる好奇心のもと、人体操作の不思議さを体感するといった感じである。

私が取材した日は、型は平安《ピンアン》二段とナイハンチ初段を行っていたが、あとの時間はずっと技の研究に費やされていた。

新里塾長によると、空手の動きには

「ハードコンタクト」

「ライトコンタクト」

「ソフトコンタクト」

の三つの技法が存在し、それぞれ順に、

「腰（股関節）をしめて屈筋主導による剛体技法」

「ナイハンチ腰による伸筋主導の脱力技法」

「ナイハンチ腰による合気的接触技法」

と解説されている。

空手歴五十年をすぎて得ることのできた境地は、沖縄空手ならではのものだろう。

海外からひっきりなしに訪れる道場

那覇市から車を走らせておよそ四十分。西原町の一角に黄色の原色使いの特徴的な建物が目に入る。正式名称は「沖縄県空手博物館」。一九八七年にオープンした空手・古武道に関する物品や資料を集めた個人資料館だ。館長を務めるのは、沖縄剛柔流拳志會会長の外間哲弘《ほかまてつひろ》（一九四四〜）だ。

ビルの一階が空手道場のスペースになっていて、階段を上った中二階部分が博物館の展示スペースだ。博物館は県立高校教諭だった外間が私財を投じて建設した。

八歳から空手の手ほどきを受け、空手歴はゆうに六十年を超える。剛柔流の比嘉世幸《ひがせこう》（一八九八〜一九六六）らに師事し、古武道は又吉《またよし》系を習得した。

外間道場の特徴の一つは、子どもなど地元道場生のほか、海外の愛好家がひっきりなしに訪れる国際性の豊かさにある。取材に訪れた際も、ベルギーから一年間「空手留学」中の男性（二十五歳）をはじめ、ロンドン市警の男性（三十二歳）などが稽古に来ていた。

三十五歳で道場を構え、以来四十年。これまで海外から道場を訪れた空手家の総数は百八十カ国のべ八千人以上にのぼるという。自身もこれまで四十八カ国を回り指導してきた。海外からの来訪者は年々増える傾向にあるという。

「海外の指導者の年齢が六十歳を超え始めました。体力が落ちてくる時期で、力だけでは若い人に勝てなくなる。そうなると何が必要になるか。技です。それを習いに来る人が多いんですよ」

指導を求め、海外だけでなく、流派を問わずに本土からも頻繁に愛好家が訪問する。フルコンタクト空手の代名詞ともいえる極真空手の関係者も、本土などから五、六チームが定期的に訪れるという。

著名な極真空手家としては、清武会代表の西田幸夫《にしだゆきお》師範（一九四九〜）が著書『空手！極意化への道「どうすれば、いつまでも武術として使えるのか」』で外間に師事していることを公《おおやけ》にしている。

極真空手の稽古体系は、サンチン立ちで基本稽古を行うなど、もともと剛柔流の影響が強いため、親和性はより高いと思われる。

沖縄空手に着目した極真関係者

極真空手・大山倍達総裁の最後の内弟子ともいわれたニコラス・ペタス選手（一九七三〜）が、国際放送向けのNHK番組の取材で沖縄を訪れたのは二〇一一年。そのとき、同選手は上記剛柔流の外間道場をはじめ、上地流の高宮城《たかみやぎ》繁《しげる》道場、小林流《しょうりん》の上間《うえま》康弘《やすひろ》道場（守武館）などを訪問した。

沖縄に来て、空手の型を行う意味に初めて納得したというニコラス選手が「もっと早く沖縄空手に出会っていれば……」と、悔やみにも似た気持ちをもったエピソードは現地ではよく知られた話だ。繰り返すが、極真空手で一世を風靡《ふうび》した選手が、沖縄古流空手に傾倒するケースは珍しいことではない。

極真の全日本大会で五回の優勝経験をもつ数見肇・数見道場館長は、二〇〇四年に心道流（現・創心館）の宇城憲治館長に出会い、組手で思うように体を動かすことができない体験をしたあとに一時的に弟子入りした経験を公にしたことがある（『武術を活かす　型ですべてが解ける！』二〇〇五年、どう出版）。

宇城館長の師匠に当たる心道流流祖の座《ざ》波《は》仁吉《じんきち》最高師範（一九一四～二〇〇九）は現在の那覇市出身で、座波の実兄（座波次郎）が小林流の開祖・知花朝信の高弟だったこともあり、心道流の稽古体系は沖縄空手そのものだ（一三一頁参照）。

古流の型を中心とする沖縄空手と、自由組手やスパーリングを重視する極真空手とは、空手の発想において〝対極〟に位置する。極真の元著名選手たちが現役引退後、沖縄空手に着目する風潮は何を意味するのだろうか。

Ⅳ 沖縄伝統空手のいま

「空手の日」が制定されるまで

構想から十五年かけて実現

沖縄県議会で「空手の日」（十月二十五日）が制定されたのは二〇〇五年三月二十九日のことである。決議の文書は「はるか七百年のいにしえ、空手はこの地・沖縄で生まれた」の一文で書き起こされ、世界の空手人口がおよそ五千万人と推定されること、沖縄発の文化でこれほどの広がりをもち世界中の人々に影響を与えているものはほかにないことなどが書き込まれた。

復帰後五代目となる稲嶺恵一《いなみねけいいち》知事（一九三三〜）の時代である。稲嶺自身は知事になる直前まで沖縄空手四団体の一つ、沖縄空手道連合会の会長（第二代）を務めていた。稲嶺の父親は学生時代、東京で「日本空手道の父」と謳《うた》われた船越義珍《ふなこしぎちん》の直弟子として、空手修行した経歴をもっていた。

その稲嶺が知事を務める時代に、呉屋秀信《ごやひでのぶ》が会長を務める沖縄空手道連合会から「空手の日」制定を求める陳情書が県議会に提出され、文教厚生委員会が提案する形で、全会一致で可決された。このとき文教厚生委員会の委員長を務めたのは、現公明党沖縄県本部長の金城勉《きんじょうつとむ》（一九五一〜）だった。

議事録によると、金城が十月二十五日を「空手の日」と定める決議に関する提案理由を説明している。

沖縄空手道連合会が発刊した『沖縄県空手道連合会二五年史』によると、「空手の日」を制定する構想は一九九〇年、沖縄空手道懇話会（沖縄空手道連合会の前身組織）設立の際の方針として決められ、二〇〇〇年ごろに具体的な取り組みが始まった。〇三年にはプロジェクトチーム設置を決定し、本格的な資料収集と調査に乗り出した。候補日は最終的に以下の三つに絞られた。
・「空手が県指定無形文化財となった日」
・「空手という表記が初めて登場した日」
・「空手の呼称が『空手』として統一された日」

結果的に三つめの案が採用されることになった。出典となったのは地元紙『琉球新報』の一九三六年十月に連載された、当時の空手家らによる座談会記事だった。「手（ティー）」や「唐手（トゥディー）」などと表記や呼称がバラバラな状態を解消し、「空手」の文字で統一することを合議した内容となっている。この座談会は琉球新報社主催で同年十月二十五日、昭和会館（那覇市）で行われた。連合会はこの日を「空手の日」とすることを二〇〇五年二月の新春のつどいで提案する。

その場には稲嶺恵一知事とともに、来賓として当時那覇市長だった翁長雄志《おながたけし》（第七代沖縄県知事、一九五〇～二〇一八）も同席していた。

翌月に決議採択の運びとなるが、九〇年から数えて十五年におよぶ努力が実った形だった。

反中国感情から「唐手」を捨てる

一九三六年、『琉球新報』紙上に沖縄空手家による座談会記事が掲載されたのは十月二十七日のこと。参加メンバーにはそうそうたる顔ぶれが並んでいた。

花城長茂《はなしろちょうも》（一八六九～一九四五）

喜屋武朝徳《きゃんちょうとく》（一八七〇〜一九四五）
本部朝基《もとぶちょうき》（一八七〇〜一九四四）
知花朝信《ちばなちょうしん》（一八八五〜一九六九）
許田重発《きょだじゅうはつ》（一八八七〜一九六八）
宮城長順《みやぎちょうじゅん》（一八八八〜一九五三）
城間《ぐすくま》眞繁《しんぱん》（一八九一〜一九五七）

の七人に加え、

空手研究家の仲宗根源和《なかそねげんわ》（一八九五〜一九七八）、そのほか琉球新報や行政関係者などが列席した。

ちなみにこれらの空手家では、喜屋武朝徳は少林流・少林寺流の流祖、宮城長順は剛《ごう》柔《じゅう》流、知花朝信は小林《しょうりん》流の各開祖、花城長茂は糸洲安恒《いとすあんこう》の師範代として沖縄県立中学校で空手指導をしてきた。

座談会では、それまで「唐手」と表記することが多かったカラテについて、「最近は東京では空手が流行しております」との新聞社側の発言に始まり、空手研究家の仲宗根源和が「唐手という文字を用いますと、今日の大学生や中学生には反感が起こり面白くないのであります」と説明。城間眞繁も中学校の生徒を指導してきた体験から、「唐手の文字は生徒は喜ばないので、私は拳法と書いてカラテと読みました」などと語っている。

城間はその上で、「武器を使用しない武道という意味から空手と書くのがよいと思う」と主張し、新聞社の太田社長も「空の字を嫌いな者はいないが唐の字は嫌いだという人がある」とダメ押しの発言を行っていた。

この座談会が行われた一九三六年といえば、盧溝橋《ろこうきょう》事件を皮切りとする日中戦争が始まる前年に当たり、反中国感情が高まっていた事情に留意する必要がある。

※

二〇〇五年三月二十九日、沖縄県議会で「空手の日」が承認された。この動きはその後の沖縄空手の統合組織「沖縄伝統空手道振興会」の設立（二〇〇八年）、さらに「沖縄空手会館」の建設（二〇一七年）へとつながっていく。

十月二十五日に制定された「空手の日」に合わせ、それを記念する演武祭が、これまで前後の日曜日などを使って計六回開催されてきた。特に二〇一六年の記念演武祭では、「最多人数による空手の型《かた》」への挑戦が行われ、那覇市の繁華街・国際通りを使って集団型演武を行い、三千九百七十三人が認定され、いったんはギネス世界記録を更新している。

戦後の沖縄空手界を支えた重鎮たち

戦後の沖縄空手を支えた四人の巨星

十九世紀以降、著名な武人が集中して出生した時期がいくつか見られる（以下、かっこ内は生まれ年）。

例えば、松村宗昆《まつむらそうこん》（一八〇九）、照屋規箴《てるやきしん》（一八〇九）、多和田真睦《たわだしんぼく》（一八一四）を第一グループとすれば、第二グループとして、親泊興寛《おやどまりこうかん》（一八二七）、安里安恒《あさとあんこう》（一八二八）、松《まつ》茂良《もら》興作《こうさく》（一八二九）、糸洲安恒（一八三一）が挙げられる。記録に残る範囲では、いずれも沖縄空手の草創期に名を連ねた武人だ。

さらに四十年ほど時代をくだった第三グループに、屋部憲通《やべけんつう》（一八六六）、富名腰義珍《ふなこしぎちん》（船越義珍、一八六八）、花城長茂（一八六九）、本部朝基（一八七〇）、喜屋武朝徳（一八七〇）

らがいる。
さらに二十年後の第四グループとして、知花朝信（一八八五）、徳田安文《とくだあんぶん》（一八八六）、許田重発（一八八七）、宮城長順（一八八八）、遠山寛賢《とおやまかんけん》（一八八八）、大城朝恕《おおしろちょうじょ》（一八八八）、摩文仁賢和《まぶにけんわ》（一八八九）、城間真繁（一八九一）、祖堅方範《そけんほうはん》（一八九二）らがいる。

その上で、戦後の沖縄空手界を支えたのは、さらに二十年ほど時代をくだった二十世紀初頭に生を受けた第五グループというべき空手家たちだった。

松林《しょうりん》流を創設した長嶺将真《ながみねしょうしん》

戦後の沖縄空手界を牽引した重鎮の４人（1977年当時）。左から比嘉佑直（小林流）、長嶺将真（松林流）、上地完英（上地流）、八木明徳（剛柔流）（『沖縄空手古武道事典』より）

（一九〇七）、小林流を開いた知花朝信の直弟子・比嘉佑直《ひがゆうちょく》（一九一〇）、上地流の二代目・上地完英《うえちかんえい》（一九一二）、剛柔流開祖・宮城長順の直弟子・八木明徳《やぎめいとく》（一九一二）の四人である。

太平洋戦争で壊滅的な被害をうけた沖縄では、本土と同じく、戦後は生きることに精いっぱいで、空手修行を続けられる人はまれであった。

戦後最初の空手組織「沖縄空手道連盟」ができたのは一九五六年、長嶺将真道場で話し合いがなされ、会長に知花朝信、副会長に長嶺を選んでスタートしたのが始まりだ。

同組織は十年後の一九六七年に「全沖縄空手道連盟」に改編され、初代会長に長嶺が就任した。

同じ年、本土では全日本空手道連盟の笹川良一新会長が誕生、「競技空手」が推進された。数年後、ブルース・リーの映画『燃えよドラゴン』が日本でも大ブームとなり、ときを同じくして大山倍達《おおやまますたつ》（一九二二）の創設した極真《きょくしん》空手が爆発的なブームを呼び起こした。

そんな中、沖縄空手界を根底から揺るがす事態が発生する。

「空手の琉球処分」

一九八一年、沖縄空手界は揺れに揺れた。

空手競技が国民体育大会（国体）の正式種目となったものの、参加するには県単位で全日本空手道連盟に加盟しなければならなかった。当時、競技空手と一線を画する立場にいた沖縄だけが全空連に加盟していなかった。

その結果、六年後に予定される沖縄海邦国体において、沖縄県の選手が国体の空手競技に参加できない事態も予想された。空手の本場なのにそれはおかしいという意見と、沖縄の空手はあくまで試合にはなじまないから現状のまま国体の試合に出られなくても構わないとの意見がぶつかった。

単純に、青少年が空手を続けるために、「試合」という目標は有効だ。

試合イコール競技ともいえるが、若年層の空手人口のすそ野を広くするには、競技を取り入れることはやむをえないという考え方と、競技を容認すれば沖縄空手が変質して別のものになってしまうと懸念する考えとが対立、平行線をたどった。

最終的に、長嶺将真や比嘉佑直らが競技を認めるための別組織「沖縄県空手道連盟」を発足させ、伝統を固持すべきという立場の「全沖縄空手道連盟」と袂《たもと》を分かつ結果へとつながった。

当時の「全沖縄」の会長は八木明徳で、上地流の上地完英もそちらに残る形となり、戦後の沖縄空手界を牽引《けんいん》してきた重鎮四人は、ここにきて二つの組織に分裂する形となった。

その後十年近くをへて、琉球新報社（当時）の濱川謙（一九四〇〜）らの尽力により、四人は一九九〇年に沖縄空手道懇話会が設立された際の呼びかけ人・世話人として肩を並べ、沖縄空手界は再統合へ向かう。

懇話会の後継組織であった「沖縄空手道連合会」などの呼びかけで、二〇〇八年、沖縄空手界の横断組織として「沖縄伝統空手道振興会」が新たに発足した。

一九八一年の事態を指して、空手界における「琉球処分」と評する人もいる。本土の意向に従って全空連に沖縄空手界が統合されたことを指摘するものだ。

それでも伝統を重視する人たちの中にも、競技化の流れによって空手がメジャー競技となり、世間でも認知され、競技人口が増えたと評価する人も少なからずいる。

「競技」と「伝統」――。四十年前には二つの流れをめぐり激しく火花を散らしたが、ここに来て「競技空手」はオリンピック種目に認められ、伝統空手は、沖縄空手のユネスコ無形文化遺産登録をめざす流れとなっている。

沖縄空手界を束ねる団体

「本場」の空手を映像付きで紹介した書籍

前出の書籍『公開！ 沖縄空手の真実』が発刊されたのは二〇〇九年。沖縄国際大学名誉教授の高宮《たかみや》城《ぎ》繁《しげる》（一九三五～二〇一四）の呼びかけで、沖縄空手の長老と目される著名空手家らが協力して制作された。沖縄空手の三大流派の主要な型《かた》映像が収められ、ノーマルスピード、スロースピード、さらには角度を変えて

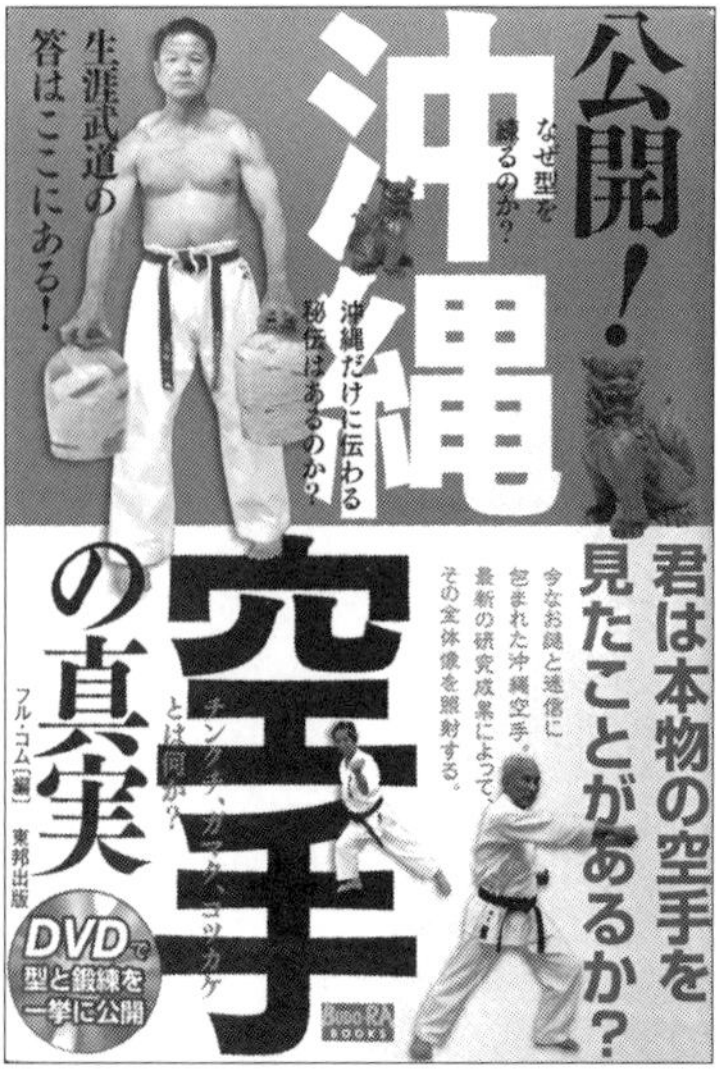

書籍『公開！ 沖縄空手の真実』

映した百十分のＤＶＤが付録として付いた。

同書に登場する主な空手家は、剛柔流の東恩納《ひがおんな》盛男《もりお》（一九三八〜）、上地流の高宮城繁、少林流の喜友名《きゆな》朝孝《ちょうこう》（一九三九〜）、島袋《しまぶくろ》善保《ぜんぽう》（一九四三〜）、松林流の新里《しんざと》勝彦《かつひこ》（一九三九〜）といった面々。多少なりとも沖縄空手に関心のある人なら耳にしたことのある名前だろう。

空手歴五十年を超《こ》えるこれら「超」ベテランの空手家たちが、自ら型演武を行い、解説を加えている。

内容も、沖縄空手の現状をわかりやすく解説するもので、未知の読者が読んでも理解しやすい構成となっている。そのため空手や格闘技に関心をもつ関係者の間で秘《ひそ》かに注目されるようになった。

本の冒頭で「達人座談会」という企画が掲載された。そこでは日本本土と沖縄の空手道場の違いが印象深く語られる。

例えば、本土では大学で空手をやって卒業するとすぐに指導する立場に回ってしまう傾向があるのに対し、沖縄では卒業してから道場に入って修行する。「こっちでは四十年、五十年空手をやる人が当たり前のようにいます」との高宮城の言葉は、空手に対する修行期間のスパンが本土とは明らかに異なることを思わせる。

同様に「沖縄の道場主はほとんどが三十年以上の修練者です」との新里の言葉も、沖縄空手の奥深さを実感させるものだ。

稽古時間についても、沖縄の道場は通例週三回、一回につき二時間で週に六時間であるのに対し、本土では週に一、二回、時間は一回一時間半で、練習時間に大きな差が生まれることを指摘した箇所もある。

さらに高宮城が語った次の言葉は、沖縄空手の本質を端的に示すものだ。

「生涯武道を志《こころざ》すというのが沖縄の武人の基本的な論理なんです。そして生涯武道というのは、型を通してしか行いえないんです。試合での選手生命なんて、せいぜい三十代で終わってしまうでしょう？　そうしたら後五十年は何をやるんだ、と。型を中心にやるわけですよ。だから、生涯武道の基本というのは型にしかないんです」

沖縄空手は古流型の反復や巻《ま》き藁《わら》突きなどの部位鍛錬を稽古の要《かなめ》とする。同書は沖縄伝統空手の核心部分を付録映像を踏まえて惜しみなく読者に開示した点で評価された。

沖縄伝統空手道振興会の設立

同書がまとめられるには、伏線となる出来事があった。出版される前年の二〇〇八年二月、沖縄の空手・古武道四団体がまとまり、前述の「沖縄伝統空手道振興会」が設立された。その初代理事長に就任したのが高宮城だった。

振興会の初代会長は仲井眞弘多《なかいまひろかず》沖縄県知事（一九三九〜）だった。その父・仲井眞元楷《なかいまげんかい》は、知る人ぞ知る剛柔流空手の使い手で、宮城長順の直弟子として知られる。その後、翁長雄志が二代目会長を務め、三代目会長には現知事の玉城《たまき》デニー（一九五九〜）が就任した。

戦後の沖縄空手界は統一組織ができたかと思うと分裂を繰り返し、まとまりを欠いてきた。そうした中、沖縄の伝統文化である空手がバラバラであっては沖縄振興の観点からも得策でないと考えた人たちが中心となって、知事肝入りでできたのが振興会である。

母体となる四団体は、沖縄伝統空手の団体が三つ（全沖縄空手道連盟、沖縄空手・古武道連盟、沖縄県空手道連合会）、競技空手の団体が一つ（沖縄県空手道連盟）で、会長である沖縄県知事のもと、各空手団体の四人の会長が振興会の副会長として支える体制だ。

振興会の事務所は二〇一七年三月にオープンした「沖縄空手会館」（豊見城《とみぐすく》市）内に置かれ、沖縄伝統空手を発信する重要拠点として機能する。振興会では定期的に国際セミナーを開催するほか、一八年八月には沖縄伝統空手の型の演武を競技対象にした第一回の国際型競技大会を開催した。

沖縄伝統空手道振興会
新垣邦男理事長インタビュー

二〇〇八年に沖縄空手の有力四団体で結成された横断組織・沖縄伝統空手道振興会（豊見城市）。これまで各種国際セミナーの開催をはじめ、沖縄空手会館の運営などにも携《たずさ》わってきた。二〇一九年に喜友名朝孝・前理事長の任期を引き継ぎ、歴代四人目の理事長に就任した北中城《きたなかぐすく》村長の新垣邦男《あらかきくにお》理事長（一九五六〜）に、振興会の今後の課題などについて聞いた。（取材／二〇一九年六月二十七日）

上地流空手で青年期をすごす

――このほどは振興会の理事長就任おめでとうございます。村長の仕事に加え、結構なエネルギーを使われているのではないでしょうか。

新垣邦男理事長　正直なところ、振興会との関わりはこれまでほとんどありませんでした。ただ初代の高宮城繁理事長が、私の通っていた道場の館長で、当時から非常にご苦労されているのを知っていました。まさか私のところに話が来るとは思っていませんでした。

――ご自身で空手を始められたのは二十五歳のときということですが、どういう動機で始めたのですか。

新垣理事長　友人が町道場で空手を習いたいからお前も一緒に行ってくれと言われて行った先が、たまたま高宮城先生の北谷《ちゃたん》道場でした。見学に行ったら友人だけでなく「君もやりなさい」と言われ、「わかりました」と二人で入門したのが始まりです。結局、友人のほうはあまり続かなかったのですが、私のほうも稽古の厳しさに何度もくじけそうになりました。当時から上地流は鍛錬の空手で、体

新垣邦男理事長

を叩《たた》いたり、突いたり蹴ったりの実戦空手です。顔面は寸止めになっていますが、あとは何をやってもいい。厳しい先輩が一人いて、この人に勝ちたいと思うようになって、それで少し続いたんだなあと思います。

——特段、空手を始める動機はなかったわけですね。

新垣理事長　そうです。流派も自分で選んだわけではなく、たまたま上地流でした。組《くみ》手《て》の試合に出るんですが、最初は怖がって、全然勝てない。試合に出れば、蹴られ、殴られ、鼻血を出してダウン。それでも先生は「ずっと出ろ」と。もうやめようかなと思ったこともありました。あるとき開き直って、逃げないで、自分から前に出て行こうと、自分で仕掛けて前に出たら勝ってしまったんです。それから試合慣れして、相手の動きがよく見えるようになりました。間合いの取り方とかも考えるようになった。逃げてはいけない、自分から前に行く。このときの体験が、私の人生の大きな教訓になっています。苦しいときほど逃げちゃいけない。村長という仕事にもそれが生かされています。

——入門してすぐに組手のようなことをしていたわけですね。

新垣理事長　上地流は顔面は寸止めなんですが、勢いがついて止まらないことも多かった。故意にやったらもちろん反則ですが、だからこそ受けなきゃいけないという意識も生まれます。試合でも必ず顔面を守らないといけない。

――拳サポーターのようなものは着けるのですか。

新垣理事長　着けました。でも下手に手を出せない。極真空手も同じようなルールですが、極真は顔面の寸止めがない分、まだ怖さが少ないかもしれません。

――空手歴は四十年近くになりますが、村長になってからも稽古は続けていたのですか。

新垣理事長　二〇〇四年に村長に就任し、時間の空いているときに道場に行って稽古していました。あとは兄弟子の道場でもお世話になったり。高宮城先生は大学教授でしたが、空手に非常に熱心で、村長になって間もないころも電話がかかってきて、「新垣君、こんど演武会があるから、出るように」と言われて、「先生、その日は予定が入っているから行けそうにありません」と答えたら、「空手とどっちが大事なんだ」と一喝されて、その日だけ仕事を調整して演武に出たこともありました（笑）。空手に対して、それくらい熱い思いをもった先生でした。今回の話も後で考えたら、先生が「振興会を手伝え」と言っているのかなとも思いました。

「伝統」と「競技」を車の両輪として進める

――振興会の会長は歴代沖縄県知事で、現在は玉城デニー知事が会長を務めています。なぜ理事長の白羽の矢が立ったと考えていますか。

新垣理事長　私よりもずっと先輩の高段者の先生方がいっぱいいらっしゃるので、我々の世代がやるようなものではないと思っていました。ところが振興会も十一年目に入り、先生方はみなプレーヤーであって、県庁に空手振興課もでき、県全体で沖縄伝統空手の普及を推進しようというときに、振興会も県と同じ目線で同じ方向に向かわないといけないという要請が出てきたのだろうと思います。県知事や県とある程度つながりがあって、パイプ役として最も適切な立ち位置にいるのはお前だろうということで話が来たものと認識しています。

今後とも、沖縄が「空手発祥の地」と言われ続けるような振興会として機能していかないといけません。人材育成、本物の技の継承……。さらに将来は法人化をめざす方向なので、それをどのように進めていくかが今後の課題になると思います。

――法人化するとやはり変わるんですか。

新垣理事長　いつまでも県という行政予算に頼るのではなく、将来的には振興会が一人立ちできる態勢をつくるビジョンになっています。

――振興会は四つの団体を束ねる立場でもありますね。

新垣理事長　根底にはそれぞれの団体の言い分もあるはずですが、各団体ともきちんとまとまっていかないといけないということは認識されていると思います。東京オリンピックもありますし、「伝統空手」と「競技空手」の双方が理解し合って、沖縄としてしっかり団結することが重要と考えています。

――振興会の初代の高宮城理事長は、一九八一年の国体問題のときは伝統空手を守れと主張する側の急先鋒でした……。

新垣理事長　伝統空手も、スポーツ空手も、それぞれのよさを深めていくことをしないといけないと考えています。自分に与えられた役割をしっかり進めていきたい。

――振興会としては、ある程度、行政的な手腕をもった人が求められていたということですね。

新垣理事長　そういう側面もあったかもしれません。せっかく仲井眞知事が立ち上げた団体ですので、前に進めていく態勢をつくらないと、沖縄空手もうまく前に進めなくなる。偉そうに言って何ができるかといわれるかもしれませんが、そういう意識をもって取り組むことが大事と考えているところです。

プロフィル／あらかき・くにお　一九五六年生まれ。県立名護高校、日本大学法学部卒業後、北中城村役場に入職。二〇〇四年に退職後、村長に当選。四期を務める。空手は上地流・教士七段の腕前。沖縄伝統空手道振興会・理事長。

第一回沖縄空手国際大会レポート

オリンピック空手との差別化

翁長雄志知事（二〇一八年八月八日逝去）が大会実行委員長を務めた「第一回沖縄空手国際大会」が、二〇一八年八月二日から五日までの四日間（関連行事を除く）、那覇市（県立武道館）と豊見城市（沖縄空手会館）で開催された。

沖縄空手の伝統型の演武を競技対象とするもので、海外から五百六十人以上の選手を迎え、日本国内六百五十人（うち沖縄県内が四百七十人）と合わせて実人数で千二百人を超える過去最大規模の大会となった。

「第一回」と銘打たれているものの、過去にも似たような大会は県主催で何度か行われている。今回は県に加え、県内主要空手四団体を束ねる「沖縄伝統空手道振興会」が名を連ね、さらに特筆すべきことは、型競技が流派別に分かれて開催されたことだ。

沖縄三大流派の「首里・泊《とまり》手《て》系」「那覇手系」「上地流系」の空手三部門に加え、古武道についても「棒」と「サイ」に分け、計五部門で開催された。

従来は流派の区別がなかったため、例えば上地流空手家の審判員が、まったく異なる剛柔流や小林流の型を判定するという慣行が続いてきたが、今回、「首里・泊手系」の審判は、

第１回国際大会は２会場を使って行われた（左「空手会館」、右「県立武道館」）

同じ流派の経験者が専門的にジャッジするといった方式をとった。さらに各部門において、男女別、年齢別（少年、成年Ⅰ、成年Ⅱ、シニア）の計八競技（全四十競技）で開催された。

沖縄県では二〇一六年四月に文化観光スポーツ部内に「空手振興課」を新設。前年九月に東京オリンピックの追加種目の候補として空手が提案されたことを受けた措置だったが、翌年八月には空手が正式種目として採用された。

さらに二〇一七年三月には、豊見城市に沖縄空手会館が落成し、今回の大会は、「空手発祥の聖地」で行う国際大会を内外にアピールする重要な位置づけの大会となった。

これまで触れてきたとおり、オリンピックや国民体育大会で行われる空手は「競技空手」であり、ルールのない実践攻防を前提とする沖縄伝統空手とは区別される。

東京五輪に続く二〇二四年のパリ五輪では空手は不採用となったが、今回沖縄で開催された大会は、奇《く》しくもオリンピックとオリンピックの間の年にスタートし、競技空手との「すみ分け」を鮮明にするものとなった。

海外からの参加選手が多かったのは、アメリカ（百人）、インド（八十三人）、アルゼンチン（五十三人）の順で、日本を含め五十カ国・地域から集《つど》った。

試合の最終結果は、四十競技のうち七つで外国人選手が優勝し、残りの優勝者の多くは沖縄県勢となった。ちなみに外国人の優勝した競技種目は以下のとおりだ。

首里・泊手系	成年Ⅰ男子	フランス
〃	シニア男子	フィリピン
上地流系	成年Ⅱ男子	ロシア
〃	成年Ⅰ女子	アメリカ
古武道（サイ）	成年Ⅰ男子	ドイツ
〃	成年Ⅱ男子	ロシア
〃	シニア女子	カザフスタン

残りの三十三競技はすべて日本人が優勝し、地元の『沖縄タイムス』紙は、翌日付の一面トップで「県勢三十一人頂点」と報じた。

課題を残した第一回国際大会

この大会で最も大きな課題となったのは審判のあり方だった。沖縄伝統空手はもともと、

武道館わきに設置された野外特設会場

競技空手は審判受けを狙うあまりオーバーアクションに走りやすく、空手の武術性を失わせると批判してきた立場だ。それだけに従来の競技空手と差別化しなければ、大会開催の価値が薄れてしまう。

また競技運営そのものに不慣れな愛好家も多く、沖縄伝統空手の理念に基づく公平・公正な審判が可能かどうかが焦点となったことは容易に想像できる。

閉会式で大会講評を行った競技専門部会の親川仁志《おやかわひとし》部長（古武道の部）は、この点を次のように説明した。今回の大会を行うにあたり、沖縄四団体の協力を得て、伝統型を収集する作業を行い、大会で行える型を論議・決定し、標準動画を撮影収録、それを事前に大会主催団体のホームページに載せて世界に発信した。つまり、沖縄空手の目線で審判の基準づくりを行ったのが今回の大きな成果だったと強調した。

同じ一つの型でも、「首里・泊手系」や「那覇手系」などでは三、四種類の型が動画（「型動画」第一回沖縄空手国際大会）でアップされた。審判講習会も合計十二回に及んだという。五部門のうち最も参加選手の多かった「首里・泊手系」で、主審を務めた大城功《おおしろいさお》副理事長（沖縄小林流空手道協会）はこう語る。

「私たちは競技空手とはあくまで差別化していかなければならない立場。沖縄伝統空手の試合で最も重視されるべきは、アテファ（強い突きの威力）ができているかどうか、チンクチ（筋肉と関節を引き締める動作）、ムチミ（体のしなり）ができているか、また型のそれぞれの動作の意味を理解した動きになっているかなどで、それらが判断の基準になりました。今回は審判員が一番勉強になったと思います。個人的な感想では、外国選手は概して型の理解が少ないように感じました。また、日本選手を含め、首里手本来の呼吸の使い方（下腹の締めなど）の基本的な部分が意外とできていない人が多いように感じました」

一方、本土から取材に来たメディアの中には、今回の審判の基準が理解できずに戸惑った人もいたようだ。また観戦した愛好家の中には、日本人を有利にするかのように、公正なジャッジが行われていないと感じた人もいた。実際試合を観戦しても、七人の審判員で裁きつつも、四―三の僅差の判定が意外と多く見受けられた。また、「組手ではなく型の競技とはいえ、本来的に、伝統空手は競技に走るべきではなかった」との率直な意見も耳にした。

もう一人、閉会式で講評を述べた審判専門部会の大城信子《おおしろのぶこ》部長（首里・泊手系の部）は、講評の最後をこう結んだ。「第二回に皆さんと再びお会いできることを願っています」。

地元紙の『琉球新報』は八月三日付の社説で、「県によると、次回大会は未定とのことだが、第一回大会の盛会を見れば、継続が空手振興の大きな力となることは間違いない」と活字にし、次回の継続的な開催に期待を寄せた。

もともと一九八一年の国体問題で「競技」と「伝統」に二分された沖縄伝統空手界が、大同団結して開催された今回の大会――。運営準備の過程で、四十年近く前の確執が尾を引いたのか、深刻な意見の食い違いが生まれる場面もあったと聞いている。多くの点で教訓を残した大会であったことは間違いない。

※

一切の関連行事が終了した翌八日、翁長知事の急逝が報じられた。もともと八月一日の開会式と七日の閉会式後のパーティーでは知事本人が主催者を代表して挨拶《あいさつ》する予定だった。いずれも叶《かな》わないまま、一切の行事終了を見届けるかのように逝去された。

沖縄空手界においては、県庁内に空手振興課を新設し、沖縄空手界の殿堂ともいえる沖縄空手会館の落成に立ち会った知事だった。ご冥福をお祈りしたい。

沖縄県「初代」空手振興課長インタビュー

沖縄県庁に空手に特化した専門課が設けられたのは二〇一六年四月のこと。沖縄の特色ある文化の中で、一つの武術に着目した課の設置に注目が集まった。例えば青森県庁にも「りんご果樹課」というその土地でしか見出《みいだ》せない専門課が存在する。そんな中にあって、文化力の発信をめざす沖縄県の取り組みはかなりユニークだ。「空手振興課」の初代課長として尽力してきた山川哲男《やまかわてつお》課長にこれまでの歩みと展望を聞いた。（取材／二〇一八年十月三十日・肩書は当時）

翁長前知事が決めた空手振興課の設置

――空手振興課というユニークな課が誕生して二年半がすぎました。これまでずっと課長を続けてこられた。

山川哲男課長　はい、そうです。

——課長職は通常、何年くらいやるものなのですか。

山川課長　基本的には二年サイクルが多いです。一年で動くケースもあります。私は二〇一八年の八月に沖縄空手の第一回国際大会があったので、それを主催する関係上、前年の早い段階から翌年の国際大会まではやらせてほしいと上司にお願いしまして、その希望が通った形です。課長で三年というのは長いほうになります。（※最終的に二〇二〇年三月までの四年間を務めた）

——空手振興課の課長に就任するまでは、どういう部署で仕事をしてきたのですか。

山川課長　私の場合は管理畑が長かったです。総務部とか、あとは企画部門ですね。最初の職場が土木の用地課で、次が八重山《やえやま》の福祉事務所でした。そこから人事課、財政課、

インタビューに応じる山川哲男課長（沖縄県庁 12 階の空手振興課で／ 2018 年 10 月）

市町村課、病院管理局など内部管理の仕事に多く携わってきました。ここに来る前は観光政策課にいまして、そのときは観光目的税の導入という大きなテーマがありました。観光分野との関わりはそこが始まりでした。そうした経験から、私がいいんじゃないかということで任命されたようです。

――課長自身は空手の経験はありますか。

山川課長　二十五年くらい前になりますが、上地流をやっていました。ただし諸般の事情があって、通った道場は昇級審査ができなかったので、白帯のままです。

――空手の経験が幸いした？

山川課長　空手経験があることは当時の部長はわかっていましたので関係ないとはいえないと思いますが、むしろ空手界とつかず離れずの関係というのがよかったみたいです。空手の有段者でもなく、実は私は十五年くらい前から少林寺拳法をやっていまして、現在三段です。

――だれかが山川課長は剛柔流の黒帯と言っていたのを聞きましたが……。

山川課長　それは私の体格を見て言っているだけでしょう（笑）。

――空手振興課は、実は東京オリンピックでの空手の採用「以前」に設置されていましたね。

山川課長　そうです。オリンピックで採用されたから空手振興課ができたと思っている人がいるんですが、順序は逆なんです。もともと沖縄空手界から、沖縄の伝統空手を保存・継承・発展させていく専門の課を設けてほしいとの要望がありました。ただ行政としては、ある程度まとまった業務量がないと一つの課をつくれないという考え方があり、なかなか要望が通らなかったのです。

ここで翁長前知事が出てくるんですが、翁長知事は那覇市長時代から、空手に対しての思いが強かったんです。いまは世界中に広がる空手になりましたが、沖縄県内で見ていくとほぼすべて地理的にはいまの那覇市内に納まります。剛柔流は那覇手（ナーファディー）、劉《りゅう》衛《えい》流も那覇の久米ですし、小林流は首里手（スィーディー）、琉球王朝の王都である首里城近辺で発達しました。また、松林流とか少林流は泊手（トマイディー）も入っています。全部、現在の那覇市なんですよ。

県内空手界の無形文化財保持者である友寄《ともよせ》隆宏《りゅうこう》先生（上地流）、上原武信《うえはらたけのぶ》先生（上地流）、東恩納盛男先生（剛柔流）、仲本政博《なかもとまさひろ》先生（小林流・古武道）たちが専門の課をつくってくれと要請して、翁長知事がつくろうと決めた。翁長知事の功績の一つに挙げていいと思います。

空手振興課ができて以降、まさに怒濤《どとう》の日々が続きました。その分、切れ目なく施策を打ってきました。おかげ様で、空手についてマスコミが扱ってくれる量も相当に増えたと感じています。

――空手振興課の職員は現在何人でしょうか。

山川課長　全部で十五人です。正職員は課長を含めて八人、あと七人は非常勤です。非常勤には空手家が三人います。正職員にも空手をしている者が二人います。

「空手発祥の地」の普及対象

――空手振興課として最初にとりかかったのは、県の実態調査でしたね。

山川課長　そうなります。初年度に「沖縄伝統空手・古武道実態調査」を行いました。それは私を空手課長に抜擢《ばってき》してくれた前田部長（当時）からの指示でもあったんです。

空手に関する事業はそれまでもさまざまありました。「空手の日」記念演武祭や国際セミナーなど、単年度ごとの事業を打ちながら、それが終わると次の年も同じことを繰り返すというように、そこに明確なビジョンと呼べるようなものはありませんでした。従来は「文化振興課」で担当し、沖縄文化の一つの分野として見ていました。文化振興課の中には空手に特化したチームもあったのですが、空手の専門家はいませんでした。
そこに空手振興課が誕生したわけですから、部長から、まずビジョンをつくりなさいという大命題が出されました。初年度（二〇一六年度）は、沖縄空手会館の整備に集中していいとも言われましたが、そこだけに集中して、ビジョンづくりを翌年に回してしまうと二年越しになってしまいます。そこで実態調査については初年度から行おうということで始めました。その調査をベースに、翌年に「沖縄空手振興ビジョン」をつくっていく流れを考えて作業に入りました。

――実態調査の印象ですが、空手の発祥地が沖縄であることは、本土ではまだあまり知られていないのではないでしょうか。

山川課長　これは私の解釈ですが、空手はすでに日本全国に広まり、日本の武道になっている現実があります。ただ沖縄県としては、空手は重要な文化力の一つですので、国内の多くの人に、発祥の地は沖縄ということを知っていただきたいと思っています。
空手というコンテンツを考えるときに、「世界」と「国内」の二つの市場に分けて考えています。世界では一億三千万人の愛好家がいると言われています。海外の愛好家は空手発祥の地が沖縄であることをほとんどの人が知っています。ただ沖縄を除いて日本本土で見れば、国内の空手家は沖縄が発祥の地であることを知っていても、一般国民はほとんど知らない現実があります。ですから、沖縄の知名度を空手家以外の国民に広めていく必要があります。

国内については、沖縄は青い海と青い空だけではなく、文化としての空手があることを知っていただき、空手会館に行ったら体験稽古ができるという流れをつくりたい。

一方、海外は世界の愛好家の多くが「発祥の地」と知っています。彼らは沖縄で稽古してみたいという願望をもっています。一億人を超える海外の愛好家をいかに沖縄に引き入れるか。沖縄の町道場で、体験ではなく、本格的な稽古ができるような取り組みをしていきたいと考えています。

――海外は日本ではなく、沖縄という名称で空手が浸透しているわけですね。

山川課長　彼らは空手家なのでよく知っているんです。海外では型よりも組手から入っていく面が強いので、組手から入った人たちは、年を重ねていくうちに、だんだん若いときのアスリートのような瞬発力が衰えていく。空手は武術のはずなのに、組手競技の世界では、体力的に優れた者しか勝てないという現実が生まれてきます。そこでオリジナルへの原点回帰が始まる。無駄のない、半畳くらいの広さでもできる空手。試合会場の八メートル四方のような広さではなく、実践として身を護れる空手ということで、沖縄に向かってくるのだと思います。

重要なことは、沖縄の先生方が、空手の型に秘められた技を体現する力、その力を維持する鍛錬を続けているかということです。もしそれがなくなれば、世界の空手愛好家たちは関心を失っていくだろうと思います。

課長自ら「出稽古」で汗を流す

――これは話しにくいことかもしれませんが、沖縄空手の先生方の力量は、実態としてはどうなんでしょうか。

山川課長　力量が本物といえる先生方は確かに存在します。空手振興課長という立場から、実際に回って自分の目で見てきました。道場の状況を体感するため「道場めぐり」を続けてきたのです。

外国の人がどのくらい来ているか、どの国から来ているか、年齢層、男女別、道場の雰囲気、指導者の指導方法、力量。実は昨日も行ってきたんですよ。

私が稽古に行かせてほしいと電話しますと、対応は二つに分かれます。「ああいいよ」

と言ってくれる先生方は、たいてい自信のある先生です。課長に見られても大丈夫という自信があるわけです。

――どのくらい回ったんですか。

山川課長　たくさん回っていますよ。十数カ所。ある道場には十五回くらい通っています。

――流派に関係なくですか。

山川課長　流派を問いません。小林流、少林寺流も行きましたし、上地流、剛柔流も行きました。

――課長になってすぐ始めたのですか。

山川課長　課長になった最初の年からです。「出稽古《でげいこ》」のつもりで行っています。昔、空手をやっていたときの無地の道着を使います。いちおう（少林寺拳法の）黒帯を締め……。

――現場を体感した上であくまで判断していきたいと。

山川課長　練習が終わったあと先生と懇親の席があるじゃないですか。同じ釜の飯という言葉もあるくらいです。自分の道場に県の課長が来て、稽古に食らいついていって、遊びじゃなく、本気でやっているというのが伝わると、先生の見方が変わります。練習のあと、九時すぎから懇親して意見交換すると、そこで沖縄空手界の実情などを聞かされることも多いです。そうしたやりとりを織り込みながら、新しい施策に反映させる作業を続けてきました。

――いつごろから現場重視の仕事スタイルをされてきたんですか。

山川課長　実はずっとそうです。県庁に入って最初の職場が土木の用地課だったんです。白地の土地、地番のついていない土地は民法上、国庫に帰属するという法令があります。国有財産ですけど、その管理を都道府県知事に委任するという条項があったのです。その担当だったので、最初から常に現場でした。土地所有の紛争は、現場に身を置かないと解決の糸口を見出すことはできません。

さらにその次は福祉事務所でした。私の場合は八重山が管轄だったので、竹富《たけとみ》町と与那《よな》国《ぐに》町が主な仕事の現場でした。月の半分くらいは島々に行って、残り半分は事務所のある石垣島にいました。そういうことを最初の六年くらいの間ずっと経験しましたので、自分としてはいい体験だったと思います。

――沖縄空手も昔の本部朝基などの時代と比べてだいぶ変わってきたと思います。組手も型も競技というものが発生し、「掛け試し」という実戦に近い立ち合いはなくなりました。沖縄でも長老の先生方がよく演武されますが、武術のレベルとして、型だけを見てもよくわからないという人もいます。

山川課長　武術を体現できる先生は確かに存在します。多少具体名を挙げさせていただきますと、例えば東恩納盛男先生（剛柔流）に受けを教えてもらいたいのですが、と言いながら一度向かい合ってみたらいいです。あと新城《しんじょう》清秀《きよひで》先生（上地流）に打たれてみたらすぐわかります。ほかに仲程《なかほど》力《つとむ》先生（上地流）は八十六歳であのスピードと瞬発力は半端じゃありません。指も強いし、相当に鍛えている。あと表にあまり出てこないですが、高《たか》良《ら》信徳《しんとく》先生（上地流）も相当な使い手です。しょうりん流でも、究道館の比《ひ》嘉《が》稔《みのる》先生（小林流）は突きがすごく速いです。島袋善保先生（少林流）も力強いです。

これらの方々は一例にすぎませんが、こういう先生方は世界の空手家が認めている存在なので、海外を中心にたくさん集まって来る。その先生に武術的な力があるかどうかを図る尺度の一つとして、海外支部やお弟子さんの数に着目していくとたどりやすいかもしれません。

ただ昔に比べ、空手家の数が増えたということはあるので、全体の中で比率を見ていくと少なく見える面があるかもしれません。例えば十人いて七人すごい人がいるとしたら、なるほどスゴイと思うでしょうが、五百人いてそのうちの三十人が使い手だったら、七人と三十人でしたらいまのほうが人数的には多いわけですが、パイが大きくなった分、逆に小さく見えてしまうということがあるかもしれません。

第一回沖縄空手国際大会の教訓

――二〇一八年八月の国際大会は多くの教訓を残した大会だったと思います。どのように総括しておられますか。

山川課長　私たちは八月の大会は、過去の大会と比べても成功したと思っています。世界五十の国と地域から延べ三千二百人の空手家が集まったのは画期的でした。空手の先生方から言わせると、今回の大会のよさがＳＮＳなどで広がったので、次の大会は一・五倍から二倍の参加者があると予測しています。彼らの予測は当たるんですよ。例えば今回の大会ですが、参加目標を千人と立てたところ、「課長心配しないでいいよ、千人超えてくるから」と言われて、実際の型競技の申込者数は千二百人だったんです。これは延べではなく実人数の数字です。

　これまで沖縄県として、世界大会と名のつくものを四回実施してきましたが、大会名に開催年を入れてきました。二〇〇三年とか、二〇〇九年とか。継続しないイメージなんです。今回あえて「第一回」と入れたのは、今後も続けていきますよというメッセージを込めたからです。次の第二回もあるよと。では、次はいつかという話になりますが、私としては四年後（二〇二二年）にやりたい。そうなれば、オリンピックと二年違いで進んでいくことになります。

　オリンピックはいわば世界のスポーツの祭典。競技の審判基準に基づいて行われます。その二年後に行われるのは「発祥の地」沖縄での伝統空手の大会というふうにして、世界の空手熱の渦をつくっていきたいと考えています。

――第一回大会の課題としてはどのようなものがありましたか。

山川課長　やはり難しかったのは審判ですね。大会の質を決めるのは審判の力量といっても過言ではありません。

　大会を開くにあたって、型競技にしぼりました。沖縄伝統空手らしいムチミやチンクチといった体の使い方ができているか、華やかな見栄えのいい上段蹴りなどではなく、膝関節や金的をしっかり狙う低い弾道の蹴り、確実に身を護るための護身用の動きです。それから受けや突きにしても、ムダのない体幹を使った動きになっているかどうか。これらを審判がきちんと見極めきれるかどうかだったと思います。

幸いにも上地流は、他の流派に比べて持ち味が出ていたと思います。そこには理由がありまして、上地流は全空連（全日本空手道連盟）の指定型に入っていないんです。要するに全空連の審判基準の影響を受けない。道場でやっている型がそのまま出たんですね。

それに対し、剛柔流、しょうりん流の場合は、全空連の指定型が定着しています。そちらの型をベースにした体の用い方が入ってしまって、審判自身もそこを厳密に見極めることができなかったと思います。長老格の先生方から、もっと沖縄空手らしいムチミのある動きを評価すべきではないかという指摘も受けました。そうした点が大きな課題だったと思います。

あとは運営面の問題です。インターハイと日程が重なってしまい、高校空手部の生徒たちの応援が得にくい状況にありました。そこで各道場の関係者や保護者の皆さんの助けを借りて裏方の運営に当たってもらったのですが、やはり不慣れな部分があったせいか、スムーズな進行という点では解決しなければならない課題が残ったと思います。

――一回目だからある程度は仕方のない面もありますね。

山川課長　いえいえ、準備に二年ぐらいかけていますので。実際にやってみて初めてわかる部分も確かにあります。要は次の大会でそれを引きずるのではなく、解決していくことだと思います。

ギネス記録への挑戦

――一度に何人で型演武ができるかという取り組みでは、那覇市のメインストリートである国際通りで、四千人規模の演武を行って、一時はギネス記録を更新したこともありましたね。

山川課長　オリンピックで空手が正式種目として採用された年（二〇一六年）でしたが、その年の十月の「空手の日」記念演武祭で、ギネス記録を達成しました。

もともとはインドが八百人くらいでした。最初にこの数字を見たとき、余裕で抜けると思いました。沖縄ではふだんから二千人規模でやっていましたから。それで三千人を目標に取り組みを進めたところ、その後続々と応募があって、四千人を超えました。

ただ、実際の演武を行った際は、一つひとつの動作が周りの人と違っていて間違ったりすると厳密に除かれるということがあって、最終的に三千九百七十三人で認定されました。

この取り組みによって、県内の空手界が一枚岩になることができた。

——するとまたインドが再挑戦し、記録更新された。

山川課長　インドが五千人だったみたいです。

——もう一度、沖縄で挑戦する考えは。

山川課長　もちろん考えていますよ。五年に一度、十月の下旬に沖縄県にゆかりのある県系人が世界から集まる「世界のウチナーンチュ大会」というものがあります。前回（二〇一六年）のウチナーンチュ大会の参加規模は七千人でした。これと併せて演武を企画すれ

2018年10月に行われた「空手の日」記念演武祭（那覇市・国際通り）

ば、一万人を超えるのも夢ではないと思います。そのときに私が（沖縄空手の施策に）関わっているかどうかはわかりませんが、そのときの空手課長が使命感をもって、「よし、五年前の記録を塗り替えてインドも超えてやる」みたいな気持ちがあればいいなと思います。

ユネスコ世界遺産登録へのカベ

――現状、沖縄空手界では主要四団体が集まって「沖縄伝統空手道振興会」が組織されています。この四つの団体に属している道場はどのくらいの比率なのでしょうか。

山川課長　二〇一六年の県の調査では、沖縄県内に三百八十六の道場があって、そのうち百二十が四団体に属さずにやっています。つまり残りの二百六十六の道場が（四つの団体のいずれかに）所属している計算になります。比率にすると七割近くです。残りの百二十の道場に対して、振興会に入って一緒にやらないかといった加入促進をしていただけるとありがたいと思っています。

――二〇一八年九月の県知事選で玉城デニー知事が誕生しました。新知事は空手に対してどのようなスタンスでしょうか。

山川課長　非常に思いのある方です。ご本人も学生のころ空手をやっていた時期があるそうです。一心流というしょうりん流系の流派と聞いています。

――沖縄伝統空手として、ユネスコの世界遺産登録に申請する動きがありますが、見通しはいかがでしょうか。

山川課長　まだまだ乗り越えなければならない課題が多いと感じます。五年前に認められた「和食」を参考にしようということで、三年ほど前から動き出しました。シンポジウムも何回か開催しましたが、登録を実現するには、沖縄の空手が地域の日常生活に結びついていることをしっかり論拠立てし、空手が沖縄にどのような文化的影響を与えてきたかを掘り下げ、県民全体が空手は大切だ、保存していくべきだという機運になれば、可能性は高まると思います。

――そうなると遺産登録は認められやすいのですか。

山川課長　はい。なぜなら県民自らが空手の大切さを本当に意識して保存していこうということになりますから。ユネスコが考えるのは、そこに文化的な価値があるかどうかです。地域の成り立ちにどういう影響を与えてきたかという学術的側面だけでなく、指定したあとの受け皿がどこになるのか。指定されて終わりではありません。どこが責任をもって保存していくのかが問われます。一義的なところは沖縄伝統空手道振興会、それを支える県民ということになります。ですから単にきれいな作文をつくって、認めてもらうということにはなりません。きちんとした受け皿をつくっていかなければならない。

——先ほど課題が多いといわれたのは、そういう態勢がまだ整っていない。それが調《ととの》えば、見込みが出てくるということでしょうか。

山川課長　登録の可能性が出てくるということです。

——それにはそれなりの時間がかかると。

山川課長　どのくらいの時間がかかるのかは、まだ読めません。ユネスコに関しては振興会の中にユネスコ推進のための組織があります。それとは別に、知事の公約でもありますので、私たちは行政として別の委員会を立ち上げて検討を始めたところです。

——沖縄県としては、沖縄空手の未来像は何年先まで見ていますか。

山川課長　二十年です。二〇一八年の三月に「沖縄空手振興ビジョン」を取りまとめました。ここに全部書いてあります。書かれていることは課題です。すでに達成してしまったことは書いていません。これが達成できたらこういう将来像になるであろうというビジョンです。

保存・継承、普及・啓発、振興・発展——。これから二十年かけて達成できるという内容のイメージになっています。こうなってほしいという沖縄空手界に対する思いが詰まっています。

東京オリンピックへの期待

――空手が初めて正式種目に採用された東京オリンピックがいよいよ開催されます。この動きにどう対応しますか。

山川課長　私たち空手振興課の目的は、沖縄の伝統空手を振興・発展させることにあります。競技としての空手は「スポーツ振興課」が窓口となっていますが、空手という側面から連携して取り組む必要があると考えています。

――沖縄県出身の選手が金メダルを取る日も近い？

山川課長　ぜひ取ってもらいたいです。特に型についてはそう思います。喜友名諒《きゆなりょう》選手や上村拓也《うえむらたくや》選手、金城新《きんじょうあらた》選手たちが日々、鍛錬している姿をこの目で見てきました。今日も空手会館の道場か県立武道館で稽古していると思います。毎日毎日稽古に励む姿を見て、本当にこの青年たちに悔いのない結果を出してもらいたいと心の底から思います。こんなことを言うと山川は伝統空手ではなく、競技空手のほうに目が向いているなどと言う人が出てくるかもしれませんが、それは違います。

沖縄出身の若者がオリンピックをめざして真剣にがんばっている姿を目《ま》の当たりにして、それを応援するのは県民として当然のことだと思います。伝統と競技と分けて考えるのではなく、目標に向かってひたむきに取り組んでいる姿を見ていきたいと思います。

プロフィル／やまかわ・てつお　一九六五年七月生まれ。那覇市出身。琉球大学卒業後、県庁入り。観光政策課などをへて、二〇一六年四月から二〇年三月まで空手振興課長。現在、観光政策課長。

沖縄県空手振興課長インタビュー

沖縄県の空手振興課長が交代した。「異例」となる四年間の任期を終えた山川前課長からバトンを引き継いだ二代目の佐和田勇人《さわだはやと》課長に、これまでの歩みと展望について聞いた。

（取材／二〇二〇年四月三日）

二〇二二年までにユネスコ申請までもっていきたい

――このたびは課長就任おめでとうございます。空手振興課で二〇一八年四月から二年間仕事をされてきたということですが、この間の一番大きな出来事は何でしょうか。

佐和田勇人課長　二〇一八年八月に開催した「第一回沖縄空手国際大会」です。世界約五十の国と地域から延べ三千二百人の空手家が沖縄に集結し、八月一日～七日まで沖縄空手会館を中心に、先人たちが残した沖縄空手の技を競うとともにセミナーやフェアウエルパーティーなどをとおして交流を深めることができました。

また、二〇一八年三月に策定した「沖縄空手振興ビジョン」の具体的な行程等となる「沖縄空

佐和田勇人・空手振興課２代目課長（2020 年４月）

手振興ビジョンロードマップ」を二〇一九年三月に策定しました。同年の四月からスタートしたので、今年で二年目に入ります。ロードマップは五年間の計画をまとめたものですが、一番大きな目玉はユネスコの無形文化遺産への取り組み、もう一つは沖縄伝統空手道振興会の法人化になります。

――振興会を法人化するメリットは大きいのですか。

佐和田課長　ご存じのとおり、沖縄伝統空手道振興会は二〇〇八年二月に沖縄の四つの空手団体が沖縄県知事を筆頭に一つにまとまった組織です。会長は県知事で、副会長に四団体の会長が就任しています。例えば十月二十五日に行われる「空手の日」のイベント事業ですが、「奉納演武」とその直近の日曜日に国際通りにて毎年約二千人以上の空手家が集い、一斉演武や各流派に分かれて演武を行う「記念演武祭」があります。現在は県から委託された民間の事業者が請け負って事業を展開しており、空手家は実演するだけになっています。このような事業を振興会が法人化し、しっかりとした組織を確立した上で事業を受託し、それを基に〝自走化〟するのが望ましいと考えています。振興会の組織強化が沖縄空手界の発展につながるのです。

――法人化のめどは立っていますか。

佐和田課長　今年度（二〇二〇年度）中に振興会と調整を進めて一般社団法人として立ち上げたいと考えています。あとは沖縄空手界の悲願であるユネスコの無形文化遺産の登録に向け、本格的に協議会を立ち上げ、県内の空手家、経済界や有識者と一緒になって県内での機運の醸成を図っていこうと考えています。

――ユネスコの登録問題は、前任の山川課長も「長期戦」と語っていましたが、どのくらいのスパンで考えていますか。

佐和田課長　沖縄の本土復帰五十周年となる二〇二二年を一つの目標にしています。ハードルは高いのですが、この年までには申請ができるところまでもっていきたいと考えています。一つの国から一年に一つしか申請ができないのですが、すでに二、三百件が申請を待っている状況と聞いています。そこをどうクリアしていくかという大きな課題があります。

――日本からの申請で、武道が対象になったことはない。

佐和田課長　日本からはこれまで「和食」を除くと芸能と工芸技術しか推薦されていません。剣道や柔道などいろいろな武道がある中で、沖縄空手を独自の文化としてとらえ、どうもっていくかが最大の課題です。ブラジルのカポエラや韓国のテッキョンは、それぞれユネスコにすでに登録されていることを考えると不可能ではないと考えています。

――集団型演武のギネス登録ですが、来年度（二〇二一年度）がチャンスですね。

佐和田課長　五年に一度の「世界のウチナーンチュ大会」が二〇二一年十月の後半に開かれます。世界のウチナーンチュの中にも多くの空手愛好家がいると聞いているので、一緒になってギネスに再挑戦し、インドの五千七百九十七人を超えられればと考えています。

「沖縄空手少年少女世界大会」の開催へ

――二〇一八年に行った第一回沖縄空手国際大会ですが、二回目の開催はどうなりますか。

佐和田課長　来年度（二〇二一年）、「第一回沖縄空手少年少女世界大会」を開催する予定です。東京オリンピックが二〇二一年（七～八月）に延期されましたので、時期がかぶらないように、その前後で開催する予定です。前回の大会は十五歳以上が対象でしたが、この大会は十五歳以下の小学生や中学生が対象になります。それが終わって準備がまとまり次第、二〇二二年か二三年に「第二回沖縄空手世界大会」を開催する予定です。

――上地流から始まった県主導でつくる流派「解説書」の作成が、剛柔流まで終わりました。現在、首里・泊手の作業に入っていると聞いています。

佐和田課長　沖縄空手の歴史研究や人材育成に資するために始まった事業です。沖縄空手の各流派の特徴を調査・研究し、体系的に記録保存します。首里・泊手系については昨年度から作業に入っており、今年度作業を終えることになります。

――課長自身も空手をやってこられたと聞きました。

佐和田課長　学生時代から上地流空手を約三十年やっています。もともと父親がやっていたので、自然と同じ流派を学ぶことになりました。空手は奥が深くまだまだ発展途上です。これからも鍛錬を続けていきたいと思います。空手をやっていることもあって、空手振興課に配属されたかもしれませんね。

――空手振興課は最初の四年間だけでもかなり多彩なことをやってこられた印象があります。

佐和田課長　二〇一六年四月に空手振興課が発足し、その年の十月に空手家による一斉演武で三千九百七十三人のギネス登録、その翌年の三月四日には空手会館がオープン、二〇一八年三月に沖縄空手振興ビジョンの策定、さらにその翌年には具体的な行程等となる沖縄空手振興ビジョンロードマップの策定。そのほかにも沖縄空手を海外で指導する海外指導者派遣事業があります。また、沖縄空手普及・啓発事業では国内で開催される各種イベントにおいて空手の先生方をお連れし、本場沖縄の空手の型などをお見せし、「空手発祥の地・沖縄」を発信してきました。「空手発祥の地・沖縄」の認知度は、本土ではまだ三五％程度です。沖縄空手会館も含めて、これからもどんどん「空手発祥の地・沖縄」を発信していこうと考えています。このようにいろいろな空手の保存・普及・発展に資する事業を展開し、最終的にはユネスコに登録できるよう、任期中に申請までぜひもっていきたいですね。

――それが最大の目標になりますか。

佐和田課長　そうなります。

――日本からユネスコに何を申請するか最終的に決めるのはだれですか。

佐和田課長　文化庁です。沖縄県民や空手愛好家からもユネスコ無形文化遺産への登録を求める機運が出ていますので、県（行政）と民間が一体となって双方向から推進していければと思います。

2017年3月に開館した沖縄空手の殿堂「沖縄空手会館」（豊見城市）

――東京オリンピックが開催され、喜友名諒選手が勝てば、ユネスコ登録の追い風になりますか。

佐和田課長　伝統空手と競技空手は両輪と考えています。空手発祥の地・沖縄出身の空手家が優勝することによって、本場沖縄の空手も世界中から注目されます。お互いに良いところを引き出しながら、進めていければと考えています。

プロフィル／さわだ・はやと　一九六八年十月生まれ。那覇市出身。琉球大学法学研究科（修士）修了後、県庁入り。人事課、企業立地推進課、文化振興課などをへて、二〇一八年四月から空手振興課班長、二〇年四月同課長に就任。父親（警察官）の転勤で二歳～小学四年まで宮古島ですごした。上地流空手六段。

沖縄尚学の試み

沖縄空手を本格導入した私立校

沖縄県の中学・高校に「沖縄尚学《しょうがく》」というユニークな私立校がある。県内では文武両道の進学校として知られ、国内外への大学進学、高校野球やテニスなど多くのスポーツ分野でも全国的に名を知られる存在だ。

この学校で、全校生徒に週一回（七十分）の空手授業を義務づける試みをスタートさせたのは二〇〇七年。当初は中学校のみのスタートだった。

きっかけとなったのは、中学校の校長を務める名城政一郎《なしろまさいちろう》副理事長の海外体験だったという。名城が米ミネソタ州の大学で客員講師として日本史を講義していた際、白人の女子学生から次のように声をかけられた。

「私の祖父は船越義珍先生から空手を学び、黒帯でした。私の父も同じように空手の黒帯で、私もそうです。将来の夢は沖縄に行って、本物の空手を学ぶことです」

試しに現地の先生数人に確認してみると、驚いたことにみな空手の発祥の地が沖縄であることを認識していた。以来、空手の存在を意識し、空手には理屈抜きに海外の人びとを引きつける力があることを痛感してきたという。例えばアメリカでの異文化交流会などで沖縄の高校生が空手着姿で演武すると、大人も子どもも全員が一斉に「フリーズ」する（＝注目を集める）場面に出くわした。

「日本の文化にもいろいろありますが、私の知る限り、空手くらい人を引きつける力の強いものはないと感じています。なぜと聞かれてもうまく説明できませんが、空手には理屈抜きに価値を受け入れさせる力がある。そこで私は帰国

「空手の教育効果は絶大」と語る沖縄尚学の名城政一郎副理事長

してすぐに沖縄県空手道連盟に沖縄尚学で空手を教えてほしいとお願いしたのです」

沖縄尚学の母体となる学校法人・尚学学園と沖縄県空手道連盟（比知屋義夫《ひちやよしお》会長・当時）との間で、「空手指導にかかわる協定書」が締結されたのは二〇〇七年八月。名城はボランティア体験や英検受験を義務づけるだけでなく、新たに沖縄伝統空手を必修化するユニークな教育方針を確立することになった。

例えば、県内でも武道必修化で、空手を選択する公立中学は数多い。この場合の授業はせいぜい年間十コマ程度。つまり、空手のさわりに触れる程度だが、沖縄尚学の場合は、一コマ七十分の授業を毎週一回、全生徒が空手着に着替えて県空連派遣の専門の空手家から直接稽古をつけてもらう。年二回の昇級・昇段審査も学校で実施するという本格的な取り組みようだ。

同校では中学から入学する生徒と高校から入る生徒に分かれるため、空手の修行期間は三年または六年とに分かれる。中学一年から始めた生徒は高校三年までに八割以上の生徒が黒帯（初段・二段）を取得するという（二〇一八年度は八五％、二〇一九年度は八四％が昇段）。二〇二〇年三月時点で、卒業生を含め同校からこれまで累計二千三十三人を超す黒帯の生徒が誕生している。

本物の空手に触れる手応え

沖縄尚学では入学した生徒は男女を問わず、中学一年のはじめに空手着を購入。最初に習うのは、長嶺将真（松林流開祖）が考案した「普及型Ⅰ」と宮城長順（剛柔流開祖）考案の「普及型Ⅱ」という二つの基本型だ。

その段階が終わり、中学二年生に上がるときに、四つの流派から選びたい流派を第三志望まで選び、学校側で偏りが起きないように調整する。その上で上地流、剛柔流、小林流、松林流のコースに分かれ、各流派の指導者について型を覚える。中学時代に最高一級（茶帯）までの昇級が許され、高校になると初段さらに二段を取る生徒も珍しくない。昇級昇段には沖縄県空手道連盟の正式な認定状がつく。

沖縄尚学高校と附属中学の校舎入り口

校内における年二回の昇級・昇段審査のほか、校内演武会や県空連の演武会などで集団演武を行う機会がある。審査会や演武会が近づくと、生徒たちが協力して型の練習をする光景が見られるという。県立武道館で行われる校内演武大会では、生徒たちは自分たちの演武を披露するだけでなく、友人や同級生の演武にも強い関心を寄せ、だれもがかたずをのんで応援する姿は同校ならではの光景という。副理事長の名城政一郎は強調する。

「教育は基礎をやり切って本番で出し切る体験をどれだけさせられるかが勝負。この点では大学進学も、英検も、そして空手も同じだと考えています。全員に空手を必修化することで、同じ目標を共有し、互いに教え合うことで帰属意識も高まる。社会に出たときに必要になる〝どうにかする力〟（＝自己実現力）を身につけさせるには、生徒たちが必要な基礎をやり切った上で、緊張せざるをえない場面で成果を発揮できる体験を繰り返すしかないと考えています」

沖縄尚学では東京大学をめざす生徒も例外なく、三年ないし六年間の空手体験を積む。前述のようにこの学校は海外などでのボランティア活動を義務づけるユニークな取り組みで知られる一方、海外に行く生徒には必ず空手着をもって行かせるという。現地で空手の型演武を披露すると、上手下手に関係なく信頼を得やすくなるという理由からだ。

同校では二〇〇七年に空手を義務づけた際、なぜ空手を必修化するのかとの率直な疑問の声が出された。そのつど名城自ら職員会、生徒集会、保護者会などで空手の「グローバル文化力」について説明、理解を得てきたという。最初の六カ月くらいはやる気のない生徒もいて大変だったというが、それをすぎてからは、空手の価値を生徒自身が実感するようになった。学校の方針にブレがなく、県空連派遣の先生方の真摯《しんし》な指導の賜物《たまもの》と語る。

ちなみに週一回の授業で行うのはあくまで「型」のみで、組手を希望する生徒は、部活動の空手部に入って本格的に取り組むよう指導している。学校全体に空手を導入したことで変わった点を尋ねると、「体幹が強くなったせいか、運動会などで走っても以前ほど転ぶ生徒が少なくなりました」と意外な回答がかえってきた。

名城政一郎は沖縄生まれ。大学生活を東京です

沖縄尚学高校の生徒による集団演武（県立武道館、2018 年 2 月）

ごし、アイデンティティーに揺れる青春時代をすごした。地元沖縄に、世界に誇れる貴重な文化があったこと、そしてそのような文化を教育に生かせる機会を提供できていることに感謝している。

現在、独自に審査会まで行う教育機関は、空手の本場・沖縄県といえども沖縄尚学だけである。

この学校が全校あげた取り組みを始めたことで、沖縄空手界にもプラスの影響を与えた。例えば二〇一六年に那覇市の国際通りで行われたギネス記録への挑戦（一度に何人で型演武をできるか）では、全参加者四千人のうち、沖縄尚学高校・中学の生徒だけで九百人余りが参加、ギネス記録達成への〝原動力〟となった。

沖縄尚学で空手を指導する先生は、いずれも県空連に加盟する空手家で、松林流は平良《たいら》慶孝《よしたか》・県空連会長、上地流は新城清秀・県空連副会長、小林流は守武館の上間《うえま》建《たけし》副館長らが指導に当たる。

次世代を担う沖縄空手家群像

最後に次世代の沖縄空手家など十一人を紹介する。紙幅に限りがあるため多くの方々を紹介できないことをご了承いただきたい。

沖縄では珍しい「空手専業」の中堅指導者

剛柔流空手「仲本塾」を主宰する仲本雄一《なかもとゆういち》（一九七五〜）は、中学一年のとき、近くにあった剛柔流空手の道場に入門した。八木明徳系統の道場で、型を反復し、年に一度ある沖縄タイムス主催の競技大会で優勝することに喜びを感じたという。転機が訪れたのは高校を卒業するころ。道場の先輩のつてで、「隠れ武士」的な空手家に出会う。

その道場を訪ねた際、「ちょっと立ち合ってみるか。かかってきなさい」と言われ、年齢もずっと上で、本気で攻撃することを躊躇《ちゅうちょ》したという。その気持ちを見透かされるように「本気で来い」と叱咤《しった》され、ようやくその気になったものの、突いても、蹴っても軽くいなされ、技を極《き》められる。まったく歯が立たず、最後はぶざまに宙に浮かされ、転がされた。いま振り返ると合気的な手法だったというが、「これが本当の空手なのか」と目を開かされたと振り返る。

その人物とは、流派は異なる小林流昭武館の大城功館長だった。そのまま小林流に再入門することを願い出たが、「体の使い方さえ覚えれば流派は関係ない」と諭《さと》され、剛柔流空手を続けることに。以来、空手の師匠はこの人と決めてきた。

二〇〇三年、二十七歳のときに剛柔流の技術書『奥義と妙技』を発刊。いまとなっては「若気の至り」と反省も多いが、自らの研究熱心がそのまま結実したもので、剛柔流という流派の歴史や成り立ち、系統による型の違いなどを学ぶ貴重な機会になったと語る。

剛柔流「仲本塾」の仲本雄一さん

同じ年に空手指導を始め、翌〇四年「仲本塾」と称するように。さらに〇八年、それまで不動産会社勤務とともに空手を両立していたが、空手一本でやっていきたいと一念発起し、仕事を辞めて沖縄では珍しい「空手専業」の道に踏み出した。

現在、豊見城市役所のそばのマンションを借り、自宅とは別に常設道場を確保して教えている。生徒は子どもと大人を入れて百二十人ほど。百人を超えたころから、なんとか生活できるレベルになったという。

沖縄の道場といえば、道場主が職業をもち、あるいは定年後、自宅の一部などを稽古場にして教えているケースが多い。東京のような常設道場は、沖縄では極真系の道場などを除けばほとんど見られなかったが、仲本のような専業空手家も増えつつあるようだ。

昼間は保育園や学童クラブを回って指導、夜は自分の道場で稽古をつける。

二〇〇四年ごろ、競技空手を行う沖縄県空手道連盟に移った。子どもは「試合」という目標がないと、持続力を保てないと実感したからだ。幸い、剛柔流はしょうりん流や上地流と異なり、沖縄本来の伝統的な型と、全空連の競技用の型の違いがそれほど大きくなく、その点では助かっていると語る。

将来は沖縄の伝統型を使いつつオリンピックなどの大舞台で活躍する選手が出てくるの

が夢と語る。

伝統空手と競技空手の両方を教える

守武館副館長の上間建（一九七五〜）は、首里手の本場・首里鳥堀町の自宅兼道場の家で生まれ育った。五歳のときから祖父の上輝《じょうき》（一九二〇〜二〇一二）、父親の康弘《やすひろ》（一九四五〜）に師事した三代目だ。

守武館は首里手系の、城間真繁や島袋太郎の系統の空手で知られる。そんな中、上間は高校時代に空手部に入部、大学時代まで組手などの競技空手を経験した。その結果、「競技空手の指導も、伝統空手の指導も両方できるようになった」と語る。

守武館では海外支部との間に密

小林流「守武館」3代目の上間建さん

接な交流があり、二十三歳のとき、父親の康弘に連れられて初めて海外指導に出かけた。最大の支部は門下生五百人を抱えるスイス支部で、二十三歳での初訪問以来、毎年のように指導に赴《おもむ》く。二十六歳のときフランス語を学ぶため半年間スイスに語学留学しながら空手を指導したことも。スイスでの指導回数は二十回を超える。

さらにカナダのケベック州にも十回ほど通った。いずれも使用言語はフランス語。沖縄空手案内センターのミゲール・ダルーズ広報担当のフランス語教室でも学び、日常会話に困らない程度に上達した。二十代後半のころ、祖父の上輝から直接かけられた言葉が忘れられない。

「将来はお前たちが海外に空手を習いに行くことになるぞ」

海外メンバーのほうが真剣に稽古していると叱咤する言葉だった。その指導のとおり、夏場になると本場の沖縄空手を求めて、海を越えて稽古に訪れる国外メンバーが後をたたない。

守武館では二〇〇七年から沖縄尚学高等学校・附属中学校で小林流の指導を行う。もとは父親の康弘が中心に教えていたが、世代交代のため数年前に完全に入れ替わった。同校の中学・高校の全生徒に、学年ごとに週一回空手を教える毎日。平日の午前中は生徒への指導に追われるため、損保会社の代理店の仕事を完全に辞め、空手指導に専念している。得意とする型は北谷屋良（チャタンヤラー）のクーサンクー。妻と、四代目となる小学生の長男を含む二人の子どもも空手を続ける。

祖父の上輝が、亡くなる直前の九十歳まで稽古する姿を間近に見てきた。沖縄空手は生涯かけて行うものとの実感を強くもつ。

「生まれ変わっても上地流を選ぶ」

上地流空手・琉球古武道「琉志会」を主宰する長嶺朝一郎《ながみねともいちろう》（一九六八〜）が空手を始めた動機はやや変わっている。

沖縄生まれの沖縄育ちながら、東京で学生生活を送ったせいか、空手といえばフルコンタクトの極真空手のイメージしかなかったという。あるとき尊敬する人物の「沖縄には優れた文化があるからその文化を大切にしなさい」との言葉に、自分も何か触れてみたいと考えたのが古武道を始めるきっかけとなった。

同じころ、勤務先の女性社員が結婚することに。結婚式の余興で素人ながら古武道の真似事《まねごと》を演武することになり、つてをたどって演武用の道具を借りに行き、エーク（櫂）の使い方を教えてくれたのが現在の師匠、金城政和《きんじょうまさかず》（一九五二〜）との出会いだったという。道具を返しに行って古武道をやってみたいと伝えると、金城の弟子から「古武道をやるなら空手も一緒にやったほうがいい」と誘われ、二十五歳で琉球古武道と上地流空手を習い始めた。以来毎日稽古を続け、一年後には双方とも黒帯を取得した。

二〇〇二年、自らの団体「琉志会」を立ち上げ、後進の育成に励む。二〇一八年の第一回沖縄空手国際大会では、門下生から古武道部門で五人の優勝者を輩出した。

琉志会の現在の稽古場所は安謝《あじゃ》公民館。長年毎日のように朝一時間半の朝稽古を主宰してきたが、最近は仕事が忙しく数を減らしているのが残念と語る。

「生まれ変わってどの流派を選ぶかと聞かれたら、迷わず上地流を選びます」

理由を尋ねると、上地流はしょ

上地流・琉球古武道「琉志会」の長嶺朝一郎さん

うりん系、剛柔流より型の数が少ないので、その分それぞれの型を深められるとの返事が戻ってきた。ある先輩からは「東の極真、西の上地流といわれた時代もある」と教えられ、発奮したこともあったという。

最近は古武道の演武を頼まれると、エークを用いることが多い。長年、那覇市空手道連盟の事務局長、手（ティー）を語る会の事務局長など、裏方を務めた。

自分にとっての空手とは、「ライフワーク」。将来の夢を尋ねると、「空手をきっかけにメンタル面でも肉体においてもタフな人間、沖縄文化を発信できる人間を育てたい」。

姓が同じであるためか、以前はよく「長嶺将真さんの親戚ですか」と尋ねられたという。県空連創設者である長嶺の「英断」には尊敬の念を抱く。次世代空手家の中では、古武道の分野で一目置かれる存在だ。

少林流「聖武館」を継承する空手家

島袋善俊《しまぶくろぜんしゅん》（一九七七〜）は、少林流聖武館を率いる島袋善保を父にもつ五人きょうだいの長男。善俊の祖父に当たる島袋善良《しまぶくろぜんりょう》（一九〇九〜六九）は、喜屋武朝徳の最後の高弟の一人。善俊が生まれる前にすでに他界していたため、祖父の顔は知らない。

沖縄空手界の四団体の一つ、沖縄県空手道連合会の会長を務めた父親のもとで、三歳のころから空手に親しみ、ブランクと呼ばれる期間はこれまでなかったと語る。空手を始めた際の記憶は残っていないが、自宅一階の道場で指導するときの父親は「厳しい先生」、ひとたび階段を上って二階の自宅に戻ると「優しい父親」に豹変《ひょうへん》する対照的な姿に戸惑いを感じたことは一度や二度ではなかったという。

小学・中学とバスケットボールに打ち込み、特に小学校時代は県内最強のチームに属した関係で九州大会でも優勝するほどの強さだった。それでも空手の稽古を途切らすことがなかったのは、母親の配慮のおかげと語る。

父親から「空手を続けろ」とは一度も言われなかったが、母親からは「部活が好きで続けたいのなら、空手もしっかりがんばりなさい」と励まされてきたとい

少林流聖武館の島袋善俊さん

う。

沖縄の大学を卒業し、二年ほど米国アトランタで語学の勉強と空手指導の日々を送った。帰国してからは町役場に一年ほど勤務したが、定期的な海外指導などに対応しつつ空手を続けるには自営業のほうが両立しやすいと、頭を下げて父親の経営する不動産会社の社員となった。

自ら父親のことを「善保先生」と呼ぶ。

父・善保とともに型演武を行う機会が多い。好きな型はクーサンクー、チントー、セイサン。善保がクーサンクーを好んで行うため、自身はチントーを演じることが多い。

沖縄市の道場で週三回指導を行う。海外指導の経験も豊富。五人きょうだいのうち、いまも空手を続けているのは末っ子の次男と二人だけという。

幼少のころから当たり前のように空手を続けてきたので、自身にとっての空手は「生活の一部」。仕事などが忙しくて一、二日体を動かさないと「不安に感じる」とも。

喜屋武朝徳から数えて四代目。聖武館の三代目を見込まれる後継者だ。

第一回国際大会で初優勝

少林寺流振興会西原道場の與儀克也《よぎかつや》（一九七四〜）は、社会人になって空手を始めた。小中学校時代はサッカーに興じ、高校時代はバスケットボールに夢中になった。身体能力に自信はあったものの、格闘技に興味はあっても自分でやってみるには敷居が高かったと振り返る。

学生時代、一年半ほどカナダに語学留学した際、出身が日本の沖縄であることを伝えると、多くの外国人から「カラテはできるのか?」と尋ねられ、意外な思いがしたという。沖縄に戻り、勤務先の上司が少林寺流空手の使い手だったことから、誘われて二十四歳で空手を始めた。

週一回土曜日に稽古した。その上司が空手指導をやめる際に、西原道場の親川

少林寺流振興会の與儀克也さん

仁志館長に師事した。以来、古武道（又吉系《またよし》）もたしなむようになった。

島袋家と同じ喜屋武朝徳系の空手ではあるが、こちらは仲里常延《なかざとじょうえん》が開いた少林寺流。

二〇一八年八月に行われた第一回沖縄空手国際大会では、エントリー数が最も多かった首里・泊手系の部（成年Ⅱ男子）で、本戦だけで百四十人近い出場者がいる中、見事優勝を果たした。

「しょうりん流にあって、喜屋武（朝徳）先生の系統も健在であることを示せる機会となってよかったです。（親川）先生の顔に泥を塗らずに済み、ほっとしました」

国際大会で沖縄県内予選を通過した際は三位だったが、予選が終わった三月から、八月の本大会までの数カ月間、会社勤務のかたわら、時間と場所を見つけて毎日のように個人練習に励んだ。当初はダッシュやジャンプ、バービーなど基礎的な体力づくりを心がけ、徐々に型稽古に入っていくカリキュラムを自らに課した。大会ではパッサイ、チントー、クーサンクー、セーサンの四つの型を使用。

好きな型はチントー。古武道の世界大会に出場するつもりで、現在は、棒やサイ、トンファーなどの稽古に余念がない。師と同じく全沖縄空手道連盟に所属。自身にとっての空手とは、「沖縄人の誇り」との言葉が戻ってきた。

長嶺将真の孫弟子として生きる

真喜志哲雄《まきしてつお》（一九七一〜）は、松林流を開いた長嶺将真の高弟の一人であった真喜志康陽《まきしやすはる》（一九三九〜二〇一三）の長男として生まれた。当時、松林流の本部道場は国際通りの裏手・久茂地《くもじ》（那覇市）にあり、小学三年生のころから弟とともに大人にまじって稽古した。まだ少年部などの区分けのない時代である。

小学、中学と松林流の空手を続け、高校時代は空手部に所属、競技空手の世界を体験した。高校では競技のための型とは距離を置き、ひたすら組手に没頭したという。高校卒業後、松林流の初段を取得した。

大学時代は関東ですごし、そのまま神奈川県で就職。現地で結婚し、沖縄に戻るつもりはなかったという。

那覇市で父親と一緒に空手指導をしていた妹から、ある日の深夜、長文のメールが届いた。父親がパーキンソン症候群に冒《おか》され、徐々に空手の指導が難しくなっていること、長男としてきちんと現実に向き合ってほしいなどの内容が切々と書かれていた。そのとき、実家に戻ることを決意したという。

妻を説得し、即座に職場を辞め、二〇〇〇年代半ば、家族三人で沖縄に戻ってきた。

本土にいる間は空手から遠ざかり、すでに三十三歳になっていた。そこから再度松林流空手に打ち込み、十数年になる。

父親の真喜志康陽は、型の名手として知られた。クーサンクーが得意技で、着実な稽古量の反映がなければ出せない独特の風味をもち合わせていた。

康陽は長男の哲雄に空手を学ばせながらも、直接、型のコツを教えることは一度もなかったという。一方で、自分の道場の門下生には懇切丁寧にコツを教えた。少し離れた距離からその指導内容を聞きながら、哲雄は父の技を盗んでいたという。

松林流興道館の真喜志哲雄さん

いま振り返ると、それは「自分で考える空手」を息子に植え付けようとした親心であったと実感する。すべてを懇切丁寧に指導されることに慣れてしまうと、師匠がいなくなったとき、成長が止まってしまう。そうならないために、もがきながら試行錯誤して自分で実力を身につける訓練をさせようとしたのだろうと振り返る。

沖縄に戻り空手を続けられる仕事などを側面から支援してくれたのは、高校空手部のOB仲間だった。現在はセキュリティ会社に勤務しながら、空手指導との両立の日々をすごす。

好きな型は泊手特有の型とされるローハイ。将来は幼少のころから自分の目で何度もその迫力を感じてきた父親のクーサンクーに、少しでも近づきたいと抱負を語る。

沖縄に来る空手家が一度は訪れるバー

那覇市最大の繁華街「国際通り」の端を出てすぐの場所に地元でも名の知られた酒場がある。その名も「DOJO　Bar」(道場バー)。世界から沖縄を訪れる空手愛好家が一度は必ず訪れる場所だ。

オーナーは空手愛好家のイギリス人、ジェームス・パンキュビッチ(一九七二〜)。「多くの空手家が交流できる場所をつくりたかった」と二〇一一年夏にオープンした。客層は日本人と外国人が半々で、半数は空手関係者。広い店内は奥行きがあり、左手奥にカウンター席が設けられている。

ロンドン郊外の町で生まれ育ったジェームスはさまざまなスポーツをへたあとに武道に関心をもち、十八歳で地元の有名な先生のもとで空手（和道流）を始めた。その後、留学生として来日し、札幌や関西ですごしながら空手を続けた。その後、関西時代に大学で知り合った日本人女性と結婚。ロンドンに戻り、ＩＴ関連の仕事に就いて新生活を始めた。収入はよかったものの仕事は忙しく、家族のための時間もなかなかとれないのが悩みだった。奥さんがたまたま那覇市出身だったため、夏休みは毎年のように家族で沖縄に帰省した。

DOJO Bar を経営するジェームス・パンキュビッチさん

二〇〇九年、妻の実家の家業を手伝うため、家族で沖縄に移住することを決意。最初の一年間は、実家の菓子製造業を手伝った。同時に空手道場（松林流新垣道場）に所属し、稽古で汗を流した。そんなときに気づいたのが、海外から来る空手家たちが交流するための場所がどこにもないという現実だった。

ためていたお金を資金に手づくりで店をオープン。宣伝にかける費用も十分に捻出できず、当初はひたすら口コミだけの宣伝を心がけたという。そのため認知されるまでには時間がかかったが、「四、五年もすると地元のタクシー運転手でも知らない人はいないまでに広がった」。

店内には有名な空手家の写真や空手関係のグッズが所狭しと飾られ、世界から訪れる客が残していったおびただしい寄せ書きが壁一面を飾る。

「DOJO　Bar」はいまや流派や国籍を超え、世界の空手家たちの交流の場となった。空手の国際セミナーが開催されることの多い八月から「空手の日」の演武祭が開催される十月まで、夏から秋にかけて店内は最も忙しくなる。

数年前、「一〇〇kataチャレンジ」のイベントを立ち上げた。同じ型を一度に連続百回チャレンジし、その様子をインターネット上にアップするという企画だ。ジェームス自身、空手四段の腕前。いまも週に四、五回の稽古を欠かさない。空手の目標を尋ねると、

「私にとっての道そのものです」との返事がかえってきた。

上地流宗家を継ぐ四代目

沖縄伝統空手の三大流派の一つである上地流の宗家は、中国で基礎を学んでもち帰った上地完文《うえちかんぶん》（一八七七〜一九四八）、その子で流派としての技法を集大成した二代目の完英、さらに三代目の完明《かんめい》（一九四一〜二〇一五）へと引き継がれた。

二〇一六年六月に四代目宗家を受け継いだのが、完明の長男である上地完尚《うえちさだなお》（一九七一〜）である。

小学校低学年のころから父・完明に連れられて二代目の完英が指導する普天間道場《ふてんま》（宜《ぎ》野湾市《のわん》）に通った。本格的に空手にのめり込んだのは中学に入ってから。主に父親を通して空手を習得した。祖父の完英からも三戦《サンチン》、完子和《カンシワ》、補助運動などを直々に習ったという。

大学時代は本土の宮崎県ですごし、高校時代から行ってきたハンドボールを継続。空手はもっぱら一人稽古を続けていたという。中学・高校のころからいずれ自分が宗家として継ぐとの葛藤が芽生え、大学時代は周囲に空手をやっていることを伝えないまま、時間のあるときに一人で黙々と稽古を重ねたと語る。

「二代目はとても優しい人」で口数が少なく、一度も怒られた記憶がない。いつもニコニコとして、テレビの相撲中継を見ている姿が印象に残っているそうだ。半面、父親の性格は頑固で、とても厳しかったという。父は宜野湾市役所に勤める役人で、「いまの世の中、道場だけでは生活していけない」と、定職に就くことを常々勧めた。

「二代目までは空手だけで食べていました。道場に入りきれないくらいの生徒がいた時代です」

完尚は、米軍基地の仕事を二十年以上。仕事は割合融通がきくので、年に一、二回、海外指導に行くことが可能。行き先は主にアメリカやフランス。フランスのパリにはヨーロッパ支部があり、近隣の国々から門下生が集まる。

三人兄弟の長男として生まれ育った。下の弟二人も空手を続ける。二〇一八年夏に開催された第一回沖縄空手国際大会

上地流宗家の上地完尚さん

では、次男の上地完司《うえちかんじ》（一九七三〜）が「競技で勝つことより上地流の宗家の型を見せたい」と果敢に出場、宗家に代々伝わる型を演じ、関係者の間で話題にのぼった。

好きな型は、十六（セーリュウ）と十三（セーサン）。自分にとっての空手とは、「先祖がつないできたもの」「切り離せないもの」との言葉がかえってきた。

自身の子ども三人も男の子で、全員空手を続けているという。二代目から四代目まで、すべて長男が宗家をつないできた上地流。偶然かもしれないが、男系に恵まれた家柄といえよう。

空手と古武道の両方を伝える

うるま市の守道館総本部で館長を務める伊波光忠《いはみつただ》（一九七一〜）は、五歳のときから父・伊波光太郎《いはこうたろう》（一九三九〜）のもとで空手と古武道を習った。光太郎は十八歳で知花朝信の門下となり、戦後は、比嘉佑直に師事した。

そのため空手は比嘉の小林流、古武道は知念真三良《ちねんまさんら》（一八四二〜一九二五）、大城朝恕（一八八七〜一九三五）の流れを組む「琉棍会」を組織する。

百八十センチの大柄な肉体から繰り出す棒術などで名を知られる。小学校時代は野球と剣道、中学は剣道、高校に入ってからバスケットと剣道をかけもちするなど多くのスポーツで基礎体力を身につけた。

二〇〇三年、三十二歳で総本部館長を引き継いだ。道場は県内に五カ所。同じ琉球古武道といっても、平信賢《たいらしんけん》系と異なり、佐久川の棍《こん》、周氏の棍などに大と小の区別がない。「空手と古武道は車の両輪。空手だけやっている場合よりも、古武道を習うと、体の使い方を含め、広がりがまったく違ってきます」と持論を述べる。

空手の型はどちらかというと腰高で、武器を使うには腰を落とすことが必要になるので、そうした習慣が身につくことで空手も格段に安定感が増すと説明する。

さらに棒やサイといった古武道のメインの武具だけでなく、トンファー、ヌンチャク、鉄甲《てっこう》、鎌、エークなど多彩な武器の使い方に触れる中で、古武

「守道館」総本部館長の伊波光忠さん

術の醍醐味《だいごみ》を味わえると強調する。

この武具にこの武具で戦ったらどうなるだろうかと頭の中でシミュレーションするのが、たまらなく面白いと目を輝かせる。

火木の週二回は自ら道場で指導し、月水金は父親・光太郎の指導のもと、生徒として稽古を続ける。空手と古武道を分けず、稽古は時間内で両方を行うのが特徴だ。

空手の好きな型はクーサンクー小と即答。糸洲安恒がアレンジした型とされ、素手で棒取りするなどの古武道に似た軽快な動きが気に入っている。

古武道で好きな武具を尋ねると、しばらくおいて、「鉄甲や鎌が好きです」との回答が戻ってきた。

米軍の嘉手納空軍基地に勤務するかたわら、年に二回は一週間ほど海外指導に出かける。毎年のようにアメリカ東海岸へ。先日もアルゼンチンを訪問したばかり。

「沖縄の文化として、空手・古武道の知名度をもっともっと上げていきたい」

空手と古武道が一体となっているのが、伊波の持ち味だ。

町道場から全国レベルの選手を多く輩出

拳龍同志会（沖縄市）の創設者である新城孝弘《しんじょうたかひろ》（一九五六〜）は、十四歳で首里手系（少林流）の空手を始めた。若いころは東京で調理師をしながら、本土の松濤館《しょうとうかん》空手にもなじんだ。沖縄に戻ってからは泊手の師匠のもとで稽古に励み、その後、剛柔流の久場良男《くばよしお》・拳法会会長（一九四六〜）に師事した。

昔の空手家と同様、流派という感覚があまりないと語る。拳龍同志会の設立は一九八三年。沖縄空手の町道場ながら、競技空手の世界でも多くの実績を残してきたことで知られる。これまで形や組手など全国大会での入賞回数（優勝、準優勝、三位）は三十回におよぶ。

東京オリンピックでの活躍が期待された喜友名諒選手（一九九〇〜）も、幼稚

「拳龍同志会」を主宰する新城孝弘さん

園から中学までこの道場ですごし、中学時代に日本一になった経験をもつ一人だ。

新城は実戦で使えない空手は意味がないとの信念から空手の武術性を追求する一方、子どもたちを指導する際は、目標を常に意識するという。試合に出場させることで明確な目標をもたせ、さらにいい成績を出すことで高校や大学への推薦入学の道も開かれる。結果として安定した仕事に就き、生涯空手を続けられる基盤が生まれる。新城はそこまで考えて競技指導を行っていると説明する。

入門してきた子どもには、体型や柔軟性、跳躍力などその子に合わせた流派の型を個人指導する。

「沖縄の伝統空手と、本土でいうところの伝統空手はだいぶ違います」

沖縄本来の武術性のある空手を大事にしてきた。具体的には、突き蹴りだけで勝負がつくようなルールに守られた空手ではなく、裏技、返し技、関節技など、本来の沖縄空手がもつ高度なワザで制圧する技術を研究してきた。

自身では、泊手の技術体系が体質に合っていると語る。一番得意な型を尋ねると、「泊のパッサイ」。泊手はスピードと技のキレ味が求められ、「直線で入って、円に転化する技術体系」と説明する。

若いころは上地流など他流の組手試合にもよく出場したという。若気の至りともいえるストリート・ファイトの経験も生きている。多くの経験が指導に生かされ、沖縄では珍しく、空手だけを職業にして二十年になる。沖縄の空手「専業」者としては最も古いほうかもしれない。町道場ながら、本土や海外の空手家がしばしば修行に訪れるのもこの道場の特徴だ。

長男の新城武《しんじょうたけし》（一九八七〜）は二〇一八年から、韓国の空手ナショナルチームのコーチとして招聘《しょうへい》され、隣国から東京オリンピックの選手育成をめざす。

「沖縄の伝統空手の町道場は生徒数の少ないところが多いです。だからこそ競技で実績を出せば、本土からはさすが沖縄は空手発祥の地と評価され、それでこそ生徒も集まり、本来の伝統空手を学ぶ人材を育《はぐく》んでいけます。うちでは二十代までは競技、三十歳すぎたら技の研究など本来の武術空手に移行するよう勧めています。競技と伝統は、空手を続けていくための車の両輪のようなものです」

明快な空手哲学だ。

沖縄空手の魅力を日本人以上に知るフランス人

沖縄空手の取材をしていると、青い目をしたこの人をしばしば目にする機会があるはずだ。沖縄空手案内センターのミゲール・ダルーズ広報担当（一九七一〜）である。

フランス・ブルターニュ地方の出身で、十四歳のときに始めた剛柔流空手の道場がたまたま沖縄空手の道場だった。競技にも参加したが、教える先生にも自分たちの空手は発祥の地・沖縄のカラテであるという自負があったという。家族的な雰囲気の道場で、先輩が日本に修行に行ってすごく強くなって帰ってきたのを見て、自分もいつか沖縄に行ってみたいという気持ちが強くなったと語る。

一九九三年、二十二歳のときに来沖。沖縄の道場で汗を流すように。さまざまな人脈も増えていった。しばらくはフランス語教師や通訳・翻訳の仕事をしていたが、二〇〇五年に沖縄空手に関するＮＰＯの仕事に誘われて関わるように。さらに二〇一一年には任意団体の「沖縄伝統空手総合案内ビューロー」を自ら立ち上げ、世界中から稽古に来ることを希望する空手愛好家と沖縄の地元道場との橋渡し役をボランティアで行う活動を始めた。以来五年あまりで受け入れた愛好家の数は七百人を超える。

現在は沖縄県の委託事業として沖縄空手会館の中にオフィスがある「沖縄空手案内センター」の広報担当として、上原邦男所長や事務の女性とともに三人体制で仕事をする。案内センターでの主な業務は、沖縄空手に関する情報発信、海外からの受け入れ、さらにメディア関係者を含むさまざまな相談窓口だ。

空手だけでなく、「沖縄そのものにはまった」と本人が語るとおり、二〇〇六年に日本人女性と結婚。そのせいもあってか、日本語は日本人以上に流暢《りゅうちょう》で、空手にまつわる知識も、並の日本人よりもずっと深い。陰では「見かけは外国人だが、ミゲールの前世は琉球人だったに違いない」などの冗談が飛びかうほどだ。本人はいまの仕事を「天職」と語る。

案内センターになってから国内外から受け入れた空手愛好家は、

ミゲール・ダルーズさん

三年近くの期間ですでに千五百人以上。

国籍別に多いのは、アメリカ、フランス、オーストラリア。最近は日本本土から来る日本人愛好家も増えているそうで、極真空手などのフルコン関係者も多いそうだ。

ビューローを立ち上げたときから、受け入れ業務（道場紹介）を一人で行ってきた。口コミで受け入れてくれる協力道場を増やし、現在は個人的なつながりだけで、八十道場ほどが協力してくれるという。すでにこの活動に取り組んで十年がすぎる。

フランスの空手道場は、日本とはシステムがまったく異なると説明する。道場は法人化されており、道場の組織長としての会長がいて、経営の責任を負う。さらに事務局長や会計担当者がいて、それらとは別に空手を指導する空手指導者がいる。空手家は仕事として給料をもらう。つまりプロとして空手を教える仕組みが確立されているのだ。

そのため、「フランスでは道場経営はものすごくしっかりしている」との言葉もうなずける。フランスで柔道や空手が盛んになった背景には、こうした盤石な運営システムがあるからと強調する。

フランス流の道場に子どものころから親しんできたミゲール広報担当にとって、月謝もとらない従来型の沖縄空手の道場システムは、継続性のないものとして映った。沖縄空手を愛するあまり、継続性をもたせようと努力した一環がビューローの立ち上げにつながった。現在、沖縄伝統空手道振興会でも、海外からの稽古の受け入れについては一回三千円の基準をもうけるようになったのは、そうした考えが背景にある。

今後の夢を尋ねると、本人からは「プロの若手の空手家をもっと増やしたい」という言葉がかえってきた。三十代から四十代の「専業」空手家を増やしたいという意味だ。沖縄では専業空手家は本土に比べると、非常に少ない。今後、沖縄空手の普及とともに、演武会を開催する機会も飛躍的に増えることが見込まれ、そのときに自分の仕事があるから行けないではなく、いつでも対応できるフットワークの軽い専業者が必要になるとの考えからだ。

「沖縄空手の世界は難しい面もありますが、空手家との関わりは面白いし、沖縄の文化にも、人間にも、大きな魅力を感じています」

沖縄を愛してやまないフランス人。ミゲール広報担当は、今日も、沖縄空手の普及に取り組む。

一、本書はＷＥＢ第三文明に連載された「沖縄伝統空手のいま～世界に飛翔したカラテの源流」（二〇一八年二月～二〇二〇年四月／全四十六回）を加筆・修正し、収録したものです。

一、掲載された写真で引用元の表記がないものは、著者が撮影、または所有するものです。

あとがき

日本発祥の柔道が初めてオリンピックの正式種目として採用された一九六四年の東京五輪から六十年近くたって再び戻ってきた東京五輪で、沖縄発祥の空手が正式種目となった。

筆者はブルース・リーの映画やフルコンタクト・ルールの極真空手の全盛時代に青年期をおくった。本書の誕生は、沖縄空手の発信拠点ともいえる沖縄空手会館が竣工した年に行われた「沖縄空手国際セミナー」（集中稽古）を体験取材したことがきっかけとなっている。以来およそ三年間、沖縄と東京を往復しながら沖縄空手の歴史と現状を取材し、「沖縄伝統空手のいま～世界に飛翔したカラテの源流」と題して二〇一八年二月から二年以上つづいたWEB連載（全四十六回）の原稿をこのほど一冊にまとめることになった。

けっして一般的とはいえない分野の取材を快く許可してくれた第三文明社WEB編集部に深く感謝申し上げる。

本書の企画内容については折にふれ、沖縄空手案内センターのミゲール・ダルーズ広報担当からも適切なアドバイスをいただいた。取材の過程では学生時代の交遊が三十年ぶりに復活する嬉《うれ》しいハプニングも生まれた。取材に協力していただいたすべての関係者の皆様に厚く御礼申し上げる。

主要参考文献

冨名腰義珍『琉球拳法　唐手』（一九二二年）
上地完英監修『精説沖縄空手道』（一九七七年）
照井徳行編『松濤館五十年のあゆみ』（一九八八年）
三田空手会『慶應義塾体育会空手部七十五年史』（一九九九年）
金城昭夫『空手伝真録――伝来史と源流型』（二〇〇〇年）
船越義珍『愛蔵版　空手道一路』（二〇〇四年）
野原耕栄『沖縄伝統空手「手」の変容』（二〇〇七年）
高宮城繁・新里勝彦・仲本政博編著『沖縄空手古武道事典』（二〇〇八年）
新垣清『沖縄空手道の歴史――琉球王国時代の武の検証』（二〇一一年）
ビットマン・ハイコ　論文『空手道史と禁武政策についての一考察』（二〇一四年）
嘉手苅徹　博士論文『沖縄空手の創造と展開――呼称の変遷を手がかりとして』（二〇一七年）
勝連盛豊『検証　沖縄武術史　沖縄武技――空手』（二〇一七年）
月刊『武道』連載「空手道――その歴史と技法」（二〇一七年四月号〜一九年五月号）
山田實『yawara　知られざる日本柔術の世界』（一九九七年）
加来耕三『日本武術・武道大事典』（二〇一五年）

取材協力（五十音順）

藍原信也　新垣邦男　新垣敏光　翁偉翔　池宮城政明　石本誠　伊波光忠　岩﨑達也
上地完尚　上原武信　上間建　上間康弘　大城功　大城利弘　翁長良光　親川仁志
親泊寿郎　賀数淳　勝連盛豊　嘉手苅徹　金子雅弘　神戸英二郎　喜久川政成　儀間哲
喜友名朝孝　金城昭夫　金城健一　金城政和　久場良男　佐久川政信　佐久本嗣男
佐和田勇人　ジェームス・パンキュビッチ　十文字陽介　島袋善俊　島袋善保　新里勝彦
新城清秀　新城孝弘　平良吉雄　平良慶孝　高久昌義　高良信徳　高良正剛　照屋幸栄
豊見城あずさ　友寄隆宏　仲里昭　長嶺朝一郎　長嶺文士郎　仲本政博　仲本守
仲本雄一　名城政一郎　野原耕栄　濱川謙　比嘉稔　東恩納盛男　外間哲弘　真喜志哲雄
松田芳正　ミゲール・ダルーズ　宮城驍　宮里善博　八木明達　山川哲男　山田順也
與儀克也　和田幸之介

著者略歴

柳原滋雄（やなぎはら・しげお）

1965年福岡県生まれ、佐賀県出身。早稲田大学卒業後、社会新報記者などをへてフリーランスのジャーナリスト。政治・社会分野を主な取材対象とする。東京都在住。

沖縄《おきなわ》空《から》手《て》への旅《たび》――琉球《りゅうきゅう》発祥《はっしょう》の伝統《でんとう》武術《ぶじゅつ》

2020年9月20日　初版第1刷発行

著　者　柳原滋雄《やなぎはらしげお》

発行者　大島光明

発行所　株式会社　第三文明社

東京都新宿区新宿1-23-5

郵便番号　160-0022

電話番号　03（5269）7144（営業代表）

03（5269）7145（注文専用）

03（5269）7154（編集代表）

ＵＲＬ　https://www.daisanbunmei.co.jp

振替口座　00150-3-117823

印刷・製本　中央精版印刷株式会社

ISBN 978-4-476-03393-9